戦時下の政治家は国民に何を語ったか

保阪正康 Hosaka Masayasu

はじめに

二十一世紀に入って、日本の政治状況は具体的な姿がなかなか見えてこない。政治家はこの国の進む道をいかなる方向に向けていくのか、あるいは人類史をどのような流れの中に位置づけるのか、そのビジョンなどが不透明なように思う。

私は、この世紀は新しい哲学や思想、あるいは生活規範が必要になっていると感じている。例えば、ロシアによるウクライナへの軍事侵略は、確かに二十世紀に見られた帝国主義的な政治行為であった。その意味では、一九三一年（昭和六年）に日本が起こした満洲事変のようなものであり、一九三九年（昭和十四年）のドイツによるポーランド進駐と似ている。

しかし、そのプロセス、結果については全く異なるかに見えてくる。わかりやすく言おう。侵略した国が圧倒的な軍事力で優位に立ち、その政治的意思を押しつけていく。短期間に満洲国を作ったり、ポーランドを歴史から消してしまうという結果を作り上げる。今回のロシアによるウクライナ進駐は、短期間にウクライナがロシアの傀儡国家になると予想もされた。ところがどうだろう。ウクライナの抵抗は国際世論、さらには国際的な軍事支援を得ながら、ロシアの政治目的を阻んでいる。軍事的には抵抗どころか、むしろ状況によっては優位に立つこともあると言われている。戦争観が変化したのである。二十一世紀の戦争は形を変えつつあると言ってもよいように思えるのだ。

むろん私たちは、戦争に対して忌避の、あるいは阻止という感情や生活感覚を持っているわけだが、しかし、それだけで事は済むのかという姿勢も必要だ。私たちは、こういう戦争の変化を踏まえた上での「平和論」や「戦争論」を組み立てなければならないのである。これまでの哲学、思想の見直しが迫られている。

もう一例挙げるが、「核抑止力下の平和」が、ロシアのプーチン大統領の発言（「ロシアが核を使うこともありうる」）によって、実は綱渡りの平和論だということが暴露された。核大国の本音は、自国の防衛と称する危機には核を躊躇いなく使うと宣言しているのである。

核を持たざる国に対してのこの恫喝は、一方で「やはり核を持たなければダメだ」という核保有論を後押しし、もう一方で「核大国の暴挙を防ぐ新たな平和論の確立が必要だ」と訴える力を強くもする。

むろん私たちの国は後者である。前者に基づく発言もちらほら見え隠れしたのだが、被爆国の責務は人類が二度と核を使わないという覚悟を哲学化、思想化することである。私たちは新しい平和論、戦争論を生みだし、国際世論に提示する必要がある。いや、その責務を背負っていると考えるべきではないだろうか。

それは決して難しいことではない。私たちの国の歴史を振り返ると、全く対外戦争を行わなかった江戸時代の二百七十年間があった。しかし国を開いた後の近代史では、五十年ほどの間にほぼ十年おきに戦争を続け、そして壊滅の状態にまで追い込まれた。この振幅(しんぷく)の激しさは何を意味するのだろう。戦争と平和の根源にはいったい何があるのか。日本社会は、歴史の実践的な学習を体験している極めて珍しい国なのである。

本書は、そうした歴史から教訓や知恵を学ぶ参考書と思って、手に取っていただければありがたい。

本書の根幹をなすのは「戦時下における政治家の演説」で、実際の音源からそれを抽出し、軍事と対抗あるいは抵抗、場合によっては同調した政治家の本音を取り上げて、その解説を試みている。政治家と一口に言っても、その政治姿勢はさまざまであり、政治思想もまた複雑に分かれていく。

しかし共通しているのは、ただ一点で、「政治をもって国民の生活を守り、向上させる点にある」はずであった。いや、それが政治家の基本的な姿勢であろう。

本書を読んでもらうとわかるのだが、戦時下にあって、戦争政策に同調する政治家の演説にはひとつの特徴がある。軍事を軸にして発想を行う政治家は、権力政治を簡単に認めていることである。いわば国民生活よりも国家主体の発想を進めている。それゆえに国家が軍事的に繁栄すれば、国民も幸せになるとの理解である。

しかし、国民の幸せとは、国家が戦争などを選択せずに、国民自身に安心と安全、そして心理的な安定を与えることこそが重要であろう。そのことを訴える政治家もごく少数だが見ることができる。彼らの演説内容からそれを読みとっていただきたい。

むろん本書は、音源を解説、つまり「音」を「目」による形で書にしている以上、ある種の限界もある。音源がなければ解説の方法はない。それゆえに音源として残っていない演説については、取り上げようがない。それが本書の前提でもある。

したがって本書を入り口に、政治家の演説を各種の資料で確認してもらいたい、とも思う。戦時下の政治家の演説には、政治家の本質が鮮明に現れていると言ってよい。ぜひ本書での各指摘を参考に政治の本質を考え、現在の政治を見つめる視点を確立してほしい。

戦時下の政治家は国民に何を語ったか　目次

第一章　初の普通選挙に臨む

田中義一――初の普通選挙法に向けて

立憲政友会の総裁・田中義一が首相の座についたのは、昭和二年（一九二七）四月二十日であった。憲政会（立憲民政党の前身）の若槻礼次郎内閣が、折りからの金融恐慌に全く手が出ないと内閣を投げ出したのを受けて、野党の総裁として首相を引き受けた。

もともと田中は長州出身の軍人で、陸軍内部では山県有朋、桂太郎、寺内正毅のラインを引く長州閥の後継者であった。それが軍を離れて政治家に転じたのは、資金調達能力に秀でていたためだ。加えて原敬内閣の陸軍大臣を経験して、政友会との人脈も広がったためで、政友会総裁の高橋是清などから後任に推されたのだ。

その田中義一内閣のもとで初めて普通選挙法（普選）に基づく総選挙が行われた。昭和三年（一九二八）二月二十日である。この普選は大正末期の護憲三派による加藤高明内閣のもとでの成果でもあったが、それは国民の政治参加に懸念を持つ右派勢力の治安維持法の成立とセットになる形での選挙であった。以下の演説は普選実施の意義について語る田中の演説である。田中は政友会の政策を理解してほしいと具体的な政策をあげて訴えている。

田中義一（首相、立憲政友会、昭和三年二月）

諸君、いまや普通選挙第一回の総選挙が行わるることになりました。政府は反対党が真面目に国政を審議するの誠意なく、ただ内閣の更迭を図るに汲々たるを認めましたゆえに、議会の解散を奏請したのであります。

現内閣の成立したのは昨年の四月であります。爾来、我々は内政、外交に関し、前内閣の不始末を整理し、財界の動揺を鎮め、人心の不安を除き、また支那の時局に処して、帝国の権利および利益を維持したことは諸君ご承知の通りであります。

同時に、かねて在野党として主張したる産業立国、地方分権、地租委譲の実行を期するために、各省においてそれぞれ種々の計画を立てたのであります。

政府はもちろん世界永久の平和を固むることに努力するとともに、国防の事をゆるがせにするものではない。しかし、世界各国間の形勢と、帝国の現状とに顧みて、内外政治の重点を殖産興業の上に置き、今なお成績不振の産業、貿易を盛んにして、国家の繁栄、国民の福利を増進することは、まことに時代の精神、国民の生活に適応するゆえんであると信じるのであります。

政府は、この考えから、まず商工業の基礎を堅固にし、これらの事業に従事する各当業者の活動を助け、かつ、その能率を高めしむるために、各方面の政策を計画したのである。農村に対しても、魚村、山村に対しても、適当なる振興方策を決定し、ことに自作農については慎重なる考慮を払い、根本的の解決方法を講じておる。また地方自治体の自由なる活動を助けて、円満なる発達を遂げしむるために、財政上その他の用意があります。

しかして、これらの計画、政策は、その形においては種々異なっておりますけれども、細大となく、いずれも政友会伝統の積極進取の主義にのっとり、根本の産業立国策に帰するのであります。

政府は、昭和三年度予算において、以上の主義、方策の実行に要する経費を計上し、これを議会に提案したのにもかかわらず、反対党は現に自ら内政上、ならびに外交上の大失態を演じ、その収拾の策尽きて倒れたることを忘れ、かえって政府の政策実行を妨げんとしたのであります。

政府の主義、政策がよいか、反対党の態度がよいか、私は新選挙法による国民の投票が必ず公正にして厳格なる批判を与うることを期して疑わぬものであります。

この総選挙は、普通選挙法に基づく初めての選挙であった。有権者は二十五歳以上の男子で、納税額などの制限は一切なかった。女性には選挙権は与えられていなかった。有権者総数は千二百四十一万人とされ、日本の総人口の約二〇パーセントとされた。

この演説は、内容は短いとはいえ、そのころの社会の空気を表してもいた。「我々」の政党（立憲政友会）と対立する野党（立憲民政党）との間にある内政、外交政策などの違い、あるいは民政党が内閣を投げ出した後の始末を、「我々」が負わされたのであり、その失政を超える政策を「我々」は進めていくと、正面からその意思を明確にしている。

実際に解散時には、政府与党の政友会が議会内では多数派ではなく、民政党内閣の若槻礼次郎内閣が政策の行き詰まりの状況に追いやられ、やむなく総辞職した後に誕生した内閣であった。

当時の首班指名は、天皇の大権であるが、実際には元老（げんろう）の推挙により大命が降下され

1928年2月19日、普通選挙法による初の衆議院議員総選挙で、与党政友会の候補者を応援するため演壇に立つ田中義一首相（提供：朝日新聞社）

る。このころは二大政党の対立期にもあたり、与党の失政に代わって野党が政権の座につくというのは慣例になっていた。議会政治のルールが守られていたのである。

それだけに与野党間の政策論争は激しい一面を持っていた。田中首相が、この演説で指摘している「反対党は現に自ら内政上、ならびに外交上の大失態を演じ、その収拾の策尽きて倒れたることを忘れ」との批判は、具体的には金融恐慌に対する片岡直温蔵相の失言（破綻した銀行名の公表）、さらには日本銀行から台湾銀行への特別融資案が枢密院で否決、相次ぐ主要銀行の預金者への支払い停止、などで、若槻内閣は万策尽きた形での総辞職だったのである。

田中義一内閣は、蔵相に高橋是清を据えてひとまず支払猶予令（モラトリアム）などの手を打ち、収拾に成功している。田中首相はその自信を前提に民政党を批判していることがこの演説からは窺える。さらにこの演説では外交政策に対する批判はまだ声が大きいとは言えないが、民政党の協調外交に対して、中国への武断外交を匂わせている点も注目される。

ちょうどこの年から、中華民国への軍事介入（具体的には山東出兵など）も積極的に進めていくことになる。そういう具体策はないにせよ、民政党の外交政策に反対という図式を鮮明にしていく第一歩という見方ができる演説でもある。その意味で田中演説は、昭和の方向性を示していると言ってもよいであろう。

なお初めての普通選挙の結果は、政友会が二百十七人、民政党は二百十六人であった。無産政党は八人の当選者を出した。しかしこの選挙の後、共産党員や党への同調者など千六百人が全国で検挙されている。共産系の勢力の拡大を恐れての治安維持法による弾圧（三・一五事件）などの動きが、同時に表面化してくるのであった。

浜口雄幸①——経済難局の打開について

つづく浜口雄幸(おさち)内閣が誕生したのは、昭和四年(一九二九)七月二日であった。この内閣にはすぐに取り組まなければならない内外政策があった。外には協調外交、内には金輸出解禁である。とくに金輸出解禁は浜口内閣の重要施策で、浜口は政友会の財政政策の欠陥を容赦なく責め立てた。その政策の行き詰まりこそ日本経済の停滞の因であると金輸出解禁を迫っていた。

その内閣には解禁論者の井上準之助を据えて体制を整えた。内閣組閣からほぼ一カ月後の八月二十八日、浜口は金解禁や緊縮財政などを直接国民に訴えた。二つの手段を用いている。一つは「全国民に訴う」と題して、国民向けに自らの政策を印刷したビラを配布したのである。このころの日本の全戸数は千数百万戸であった。

もう一つは開局して間もない日本放送協会のラジオ放送から国民に肉声で、その政策を訴えた。むろん初めての試みである。その内容を以下に紹介する。

浜口雄幸（首相、立憲民政党、昭和四年八月）

さて、大正三年（一九一四）に世界の大戦争が始まりまして以来、我が国の経済界は非常なる好景気が続きましたので、その結果、政府の財政も民間事業の経営ぶりも国民一般の暮らし向きも、共に急激なる膨張をいたしたのであります。

まず国家の財政について申しますれば、戦争の始まりました時、すなわち大正三年から今日に至りますまで、十五年の間にほとんど三倍に近い増加を遂げたのであります。また、個人の経済におきましても、これを戦争の前に比較致しますれば、その経済は大変に膨張致しまして、なかには数倍の大きさにのぼったものも少なくない有様（ありさま）であります。

しかるに好景気時代においては、政府の歳入も個人の収入も大変に増加致しましたので、人情の弱点と申しましょうか、当為の政治家、あるいは一般国民の不用意と申しましょうか、知らず知らずの間にその経済は放漫に流れ、異常なる増加を遂げたのであります。

しかるにこの好景気はもともと戦争に基づくところの景気でありましたので、決して長く続くものではありません。間もなく反動がまいりまして、ついに大正九年（一九二〇）の大恐慌となり、その傷がいまだ癒えないうちに大正十二年（一九二三）の大震災に出遇いまして、打ち続く不幸なる出来事のために我が経済界は非常なる打撃を被り、深刻なる不景気に襲われ、産業は振るいませず、貿易は年々輸入超過を続け、為替相場は著しく低落致しまして、我が国の財界はついに今日のごとく苦境のどん底に沈むに至ったのであります。

しこうして歳入はどうかと申しますれば、戦争中はもちろんのこと、戦後しばらくの間は非常に好成績でありまして、毎年毎年政府には数億円のお金が余って翌年度に繰り越すというような有様でありましたけれども、戦争気分がようやく終わりを告げ追々と好景気の反動が現れてまいりまするとに共に、政府の歳入はだんだんに減少してまいりまして、歳出に対してついに不足を生ずるということになりましたがために、公債、すなわち借金をしてようやく予算の辻褄を合わせていかなければならんこととなったのであります。
かくのごとき財政の膨張が、我が国の今日の窮迫しているところの国民経済の実際の状態に照らしましていかにも無理であるということは、けだし何人も異論のないところであろうと存ずるのであります。かくのごとき放漫なる財政政策はその当然の結果としまして公債の増発を引き起こし、財政の基礎をはかなくならしめ、民間の事業資金を奪い、物価の騰貴を促し、国民の負担を増加せしめ、輸入超過の勢いを助けるものであります。

我が国今日の重大なる問題は、金の輸出禁止を解除するという問題であります。大正三年、世界大戦の勃発致しまするや、ヨーロッパの各国、続いて米国もまた金の輸出禁止を断行したのであります。しかるに貿易の関係等のため外国にだんだん金が流れ出てまいりますれば、その国の正貨準備は次第に減少致しまして、その減少の程度が甚だしくなりますれば、ついにその国の貨幣制度に対する内外の信用がなくなり、貨幣の制度の基礎が動揺するに至りまして、財界に非常なる混乱を生ずるようになるのでありますから、各国とも金の輸出を禁止するという非常手段をとるに至ったのであります。

我か国におきましても、大正六年（一九一七）に米国が金の輸出禁止を行いまするや、ついに止むことを得ず、同年九月に大蔵省令をもって金の輸出制限、俗に申すところの金の輸出禁止を行ったのであります。我が国におきましても金の輸出を禁止致しましたる結果、財政が膨張して止まないということと、国民の消費が衰えないことと相まって、物価の不自然なる騰貴を招き、為替相場も急激なる変動を生じ、ために外国貿易はあたかも投機事業のようになりまして、大いにその発達を妨げられ、これがために一般産業の基礎を不安ならしめ、多岐にわたって経済界の非常なる不景気を招きましたのみならず、外国に対する帝国の信用を失墜するに至りましたことは、今日お互いが痛切に感じているところであります。

したがって我が国経済界の難局を打開し、その立て直しをするがためには、金の輸出禁止を解除して速やかに財界の安定を期することは何よりの急務であるということは、天下何人も異のないところであろうと存ずるのであります。政府はこの現状に鑑（かんが）みまして、速やかに金の輸出禁止を解除するという決心を致したのであります。

しかしながら、金の輸出が禁止されまして以来、すでに十二年を経過し、財界もだいぶこの輸出禁止の状態に馴れきたっているのでありまするによって、今日この禁止を解くということを、ただ卒然と何らの準備なきに行うというわけにはまいりません。我々はこの準備のために絶大な努力を払わなければならんのであります。

その準備と申しましてもいろいろありまするけれども、その最も大切なるところの根本的の要件は、何と申しましても、国民精神の緊張であります。これを具体的に申しますれば、政府においては大なる決心をもって財政の整備、国債の整備を行うことであります。

外国に対する日本の信用を高めて為替相場は次第次第に回復してまいるように致し、もって金の解禁によるところの一時的の悪影響を予防すると同時に、解禁後においても長く財界の堅実なる発達をなすことができるのであります。

しかしながら、独り政府が自分の財政を緊縮するだけでは、とうていこの目的を達することはできません。政府の一年間に使うところの金は三十七、八億という大なる金額ではありまするけれども、国民全体の使うお金に比較しますれば、実に九牛の一毛に過ぎません。そこで広く国民一般がこの政府の政策に共鳴して、一大決心をもって消費を節約し、勤倹力行（きんけんりょっこう）を励むことによって、初めてこの金解禁の大目的を円満に達成することができるのであります。

今や我が国は、実に国民的大決心を要するところの極めて重大なる分かれ道に立っておるのであります。私は我が国今日の経済的難局を座視することができません。ここに諸君と共に大なる決心と、大なる覚悟とをもって目下の難局を打開し、国運の発展に貢献せんがために努力奮闘したいものと思います。幸いに諸君の十分なるご協力あらんことを切に希望致す次第であります。

言うまでもなく浜口は、政友会内閣の失政を具体的に批判している。日本経済がいかに不健全な状態にあるか、極めてわかりやすい表現で語っている。こういう放漫極まりない状態を放置するわけにはいかない、国民全体が緊縮した生活を送るように心がけて金解禁政策になじんでほしいというのが言わんとするところである。デフレ政策に伴う苦痛を耐え忍び、そして将来の発展への礎(いしずえ)を築こうではありませんか、というのが浜口の言わんとするところでもある。

現役の首相が国民に、直接に耐乏生活を呼びかけるという点でも重要な意味を持つ演説である。「輝く将来が待っている。それには今の苦しみに耐えようではありませんか」とのメッセージは、指導者としての矜持(きょうじ)を示すものでもあった。

金解禁政策について補足説明しておくならば、海外貿易などの決済に金を用いる制度を復活することだ。日本は第一次世界大戦の折に、金の輸出を禁止して金本位制から離れていた。これは日本だけでなく、ヨーロッパの先進諸国もそうであった。しかし大戦終結の後、主要国は金本位制に戻ったが、日本は戻ろうにも不況や関東大震災で容易には戻れなかった。日本経済は安定せず、為替の変動、貿易の停滞といった状態で恐慌から脱することができないでいた。浜口内閣は金本位制に戻すことで、その苦境を脱しようと考えていたのである。その呼びかけを浜口が精力的に訴えた演説が、この録音でもある。

浜口雄幸②——総選挙に臨む立憲民政党の立場

次に紹介するのも浜口雄幸である。浜口内閣は、昭和五年（一九三〇）一月十一日より、金解禁政策を実施したのだが、内閣にとってはこの実施声明をもって国民の新たな支持を獲得しようとの思惑もあった。それで一月二十一日に衆議院を解散に持ち込み、民政党の支持を厚くして、政友会を圧倒しようとの計算もあった。浜口は議会での大勝をねらって、選挙に臨む姿勢を熱っぽく説いているのである。

浜口雄幸（首相、立憲民政党、昭和五年二月）

我が民政党内閣のモットーとするところは、強く、正しく、明るい政治の実行すなわちこれであります。強き政治を行うがためには議会に多数を占めておらねばならぬ。正しき政治を行うがためには政界を覚醒せんければならん。明るい政治を行うがためには権謀術数を排除せんければなりません。かくのごとくにして我々は初めて内外重要の政策を遂行して福利民福を増進することができるのであります。

私は諸君に向かって、過去二年の間、政友会内閣が国政を担当したるその態度、その政策度、我が民政党が天下に標榜し、過去七カ月の間、政局にあたったるところのその態度と政策とを比較されんことを希望いたします。

諸君、政友会内閣の対支外交はいかがでありましたか。積極外交を強行して、二回までも山東に兵を出したるのみならず、いろいろおもしろからざる事情のために日支両国の関係を悪化せしめ、現内閣はご承知の通りその後始末に苦心をしておる場合であります。

財政について申しますれば、財政は紊乱し、国債は増加し、物価は騰貴して国民の生活を脅威し、貿易は入超を続け、為替相場は低落し、産業・貿易の堅実なる発展はこれがために妨げられ、国家の財政経済をして全く手詰まりの状態に陥らしめたのであります。

我が民政党内閣は、この難局に直面して、国民経済の立て直しをもって重大なる使命となし、これがために財政の緊縮、公債の整理を断行し、国民の消費節約、勤倹力行を奨励し、金解禁の実行に向かってあらゆる準備を整え、国民の協力によってついにその目的を達したのであります。この基礎の上に立って朝野力を合わせて国民的努力を継続いたしまするならば、我が国の産業貿易は確かに漸次堅実なる発展を遂ぐることができると信ずるものであります。

しかるに政友会は、元来、金解禁の実行に反対の意見を有するものでありまして、金解禁ができなければ、財界はいつまでたっても安定はいたしません。したがって、産業貿易の発展はとうてい望むことができないのであります。

現内閣はすでに金解禁を断行いたしました。したがって、これが善後策については、現内閣がこれに当たるの責任があり、またその資格があるものと信ずるのであります。政友会は金解禁に反対でありました以上、これら善後策に当たるべき資格はないはずであります。

思うに、ここ数年の間は、金解禁の善後策に努力すべきところの重大なる時期であります。我々は国民の協力を得てその責任に当たるの覚悟を有するものであります。財界の不景気は、その由来するところ久しく、決して一朝一夕のゆえではありません。不景気の責任をこの内閣に帰するごときは、そもそも一笑にも値せん事柄であります。

今や我々は大なる決心をもって国民経済の立て直しを行い、真の景気招来のために最善の努力をいたしておる場合であります。この場合において、せっかく緊張しておるところの天下の人心に緩みを生じ、再び財政の膨張を招き、国民の消費を奨励するがごときことがありましたならば、国債対策の関係はたちまちにして破壊せられ、金貨本位制の擁護は困難と相成り、日本の財界は大なる混乱に陥ることは火を見るよりも明らかであります。

諸君、今日の政治は漫然たる抽象的の議論や、反対せんがための反対論は何の役にも立ちません。要は実行の如何(いかん)にあるのであります。有権者諸君が、今回の総選挙に

あたって、朝野両党の主張を判断せらるる場合に、この点を十分吟味(ぎんみ)くだされんことを切に希望いたします。

浜口は、その表情から「ライオン宰相(さいしょう)」とも呼ばれ、選挙ではその愛称を活用してもいる。浜口は明治三年(一八七〇)高知県の生まれで、幼年期に土佐藩郷士の浜口家に養子に入っている。高知中学、第三高等学校、東京帝国大学法学部を出て大蔵省に入った。役人時代の初期は不遇だったと言われるが、明治三十七年(一九〇四)に東京に戻ってからは栄達の道を歩む。

大正期には政治家の道に入った。幾つかの政党を歩いたのち、昭和二年(一九二七)の憲政会、政友本党などの統一で立憲民政党が誕生すると、その総裁に推されている。首相の座についたのは昭和四年(一九二九)七月から六年(一九三一)四月までだが、金解禁政策の実施により、国内産業機構の近代化やロンドン軍縮条約の締結に取り組み、軍部と対立しつつ、英米との円滑な関係を目指した。

ただ金解禁政策には緊縮財政という痛みが伴うのであったが、加えて輸入増輸出減になり、消費が鈍るなどの事態を生む。そういう弊害を最小限に抑えたいというのが浜口首相の企図したところであった。

このような政策の意図を国民に訴えるべく切々とした内容であることに注目すべきであろう。特に金解禁はどうしても行わなければならず、それを放置したり、反対している場合には、日本の経済機構は混乱状態になるであろうといささか強い口調で国民の覚醒を促している点に特徴がある。

昭和前期の議会政治が機能している時代の首相の言としては、有権者（国民）の心情に正直に呼びかけている内容でもあった。金解禁は、第一次世界大戦時に停止した金の輸出禁止を再び旧に復して貨幣価値を安定させ、国際収支などの決済を明確にするのが目的であった。そういう政策の経済理論は国民にはわかりづらい中で、浜口はできるだけ国民を納得させようと試みていることがわかる。

こうした浜口の誠実な呼びかけによって、東京、大阪などの銀行をはじめ、企業の中にも政府の政策を支えるとして、広範囲の支持が集まった。二月の総選挙では、民政党が二百七十三議席を獲得し、金解禁に消極的な政友会に百議席もの差をつけて勝利している。国民は緊縮財政を引き受けることにひとまず納得したのである。

1930年11月14日、東京駅で狙撃され重傷を負った浜口雄幸首相（提供：朝日新聞社）

しかし金解禁の実際の姿は、予想通りにはいかず、緊縮財政による景気の沈滞は、昭和恐慌と言われる恐慌現象を招いた。国内では農業恐慌、国外ではアメリカのウォール街の株価の暴落に始まった世界恐慌が輪をかけて、日本国内の経済事情はどん底に落ちたと言われる状態になった。

それが金解禁批判に拍車をかけることになった。加えてファシズム勢力が表面に出てきて、浜口首相は右翼のテロにより、東京駅頭で狙撃されている。その傷が元で、浜口は五カ月後に総辞職している。その後病状はより悪化し、昭和六年八月に死亡。昭和に入って始めてのテロの犠牲者であった。

尾崎行雄――「憲政の神様」の総選挙

尾崎行雄は近現代史を生き抜いた政党政治家である。「憲政の神様」と呼ばれるのは決して度の過ぎた褒め言葉ではない。

明治二十三年(一八九〇)七月に日本で初の帝国議会選挙に立候補して当選。以来、昭和二十八年(一九五三)四月の総選挙では病床に伏しているにもかかわらず、熱心な支援者が一方的に立候補の手続きをとった。さすがに登院が無理なためもあり、落選している。実に六十三年間にわたり、議員生活を続けたことになる。三十一歳から九十四歳である。この記録は未だ誰にも破られていない。

政治家尾崎の特質はどのようなところにあるのだろうか。第一に憲政擁護の信念を貫いたこと、第二に雄弁であり、政敵をも納得させる力があったこと、そして第三が軍部に抗したこと、などがすぐに挙げられるであろう。近現代史の折々の政治状況がどのようなものであったかを見る時、尾崎を軸に見ていくと意外に時代を俯瞰(ふかん)することが可能と気がつく。いわば骨太の性格が時代と重ね合わされたり、反発したり、さらには傍観者の目になっているのである。

尾崎の経歴を見ると、安政五年（一八五八）に相模国津久井郡又野村（現在の神奈川県相模原市緑区）で生まれた。父親は明治政府に仕える役人である。尾崎は明治七年（一八七四）に東京で福沢諭吉の慶應義塾に入学している。二十歳の時に新潟新聞に入り、新聞人の道を歩んだ。その後は幾つかの新聞社を渡り歩くが、その論が反政府的だと、保安条例で東京を離れるように命令されている。その後の三年間はアメリカ、イギリスなどの海外遊学に赴き、帰国後に日本初の議会選挙に少年時代を過ごしたことのある三重県から立候補し当選している。大隈重信らが結党した改進党に籍を置いていた。

明治、大正時代の尾崎は、議会政治の守護者としての論陣を張っていた。同時に普通選挙（普選）の実施や護憲活動の先頭に立っていた。むろん尾崎は、日本社会の後進性についても鋭く批判していて、普選の実施や護憲活動なども、国民の政治的意思を高めることも、常にその主張の中に取り入れていた。その意味では国民を先導する役割を自らに課していたと言ってもよいように思う。

尾崎行雄（無所属、昭和五年二月）

選挙は立憲政体のもとにおいては最も大切なる働きである。この度の選挙において投票が余計民政党に入れば浜口内閣がこのまま続く。また政友会に余計入れば犬養（毅）内閣ができる。内閣を倒すも起こすも、また国を良くするも悪くするも投票の入れ方次第で決まる。

かくのごとき大切なる選挙の前提であるところの解散を奏請するに当たっては、内閣たるものはよほど慎重に考えなければならぬ。その解散には、国家本位の解散があり、また政党本位の解散があるが、この度の解散も、この前の政友会内閣の解散と同じく、やはり政党を本位としたものであって、国家本位のものとは認めることができない。

政党、国家本位から言えば、解散をせずとも政治のできる場合においては解散をするの必要はない。しかして現在は解散せずとも政治のできる証拠には、今の内閣は初めから少数であったにもかかわらず、現にこれまで在職して、その間に金解禁というような、よほど大切な政治上の働きも少数でとにかく断行した。その準備もできた。これから後は、解禁に伴うところの善後策にあるのであるが、その善後策については、反対党たる政友会も政府を助けようと言っておる。政府について反対はすまいと申しておる。

しからば、これを解散して国民に訴えなければならんという根拠はどこから見てもないのである。かくのごとき場合においては、解散をする前にまず議会において、果たして反対党がその政見通り政府に賛成するか否やの実際の働きを見て、もし実際において賛成をせないで政府の邪魔を致して、どうしても善後策その他の政府の政策を行うことができないという証拠が上がった場合においては、やむを得ずそこで解散を上奏するのが当たり前である。

しかるにこの度は、まだ政府は議会において反対党と立ち会っておらん。ただ反対党は反対するに違いないと考えて奏請をしたというのはこれは間違いであって、徒党であるならば、国家を度外視してただ反対することがあるかもしれないけれども、いやしくも政党である以上は、国家のために反対することが良いと思えば反対をし、反対することが悪いと思った時には反対せないのが政党本来の面目である。

我が国にはむろん正しき政党がないから、ややもすれば反対党は善悪となく政府に反対することもあるけれども、それは元来彼等が間違っているのであって、間違った場合においてはこれを国民に訴えるということの必要が起こるけれども、まだ間違うか間違わないかわからん場合において、想像をして直ちに国民に訴えるということは、元来無理なやり方である。

さなきだに今日のような不景気の極端に達している場合において、議会を解散を致し、金銭と労力において五千万円以上一億円をただ捨てると言えば、これがまた景気を一層深刻にする原因となるのである。かくのごとき場合において、かくのごとき不当の解散を奏請するということは確かに一つの過ちであるから、この過ちをばやはり投票を入れないという働きによって罰せなければならん。

およそ善はこれを賞し悪はこれを懲らしてすら、なかなか悪人は絶えないものである。いわんや政党が両大政党共に腐敗を致して続々疑獄事件関係者を出している場合において、ますますこれに多く投票を入れれば、これは疑獄関係者を出したがために褒美をやるということになる。すなわち善をしたものはこれを罰し、悪をなせばこれを賞するということになる。

投票が減らない限りは彼等はいつまでたっても腐敗を止める気づかいはない。元来、政党の腐敗ということは、投票を得たいがために起こったのであって、しかして、腐敗すればするほど投票を余計入れれば、いかなる手段をもっても政党の廓清（悪いものを取り払い清めること）をすることはできませんから、いやしくも政党を愛するものがあったならば、悪事をした場合においてはその投票を減らすよりほかは仕方がない。

いわんや両大政党の腐敗はどちらが余計であるか誰でもわからんほどの程度に達しているのであるから、どちらが良いとか悪いとかいうことは国家的見地から言っては判断することはできないはずである。ゆえに今日の場合においては、まず、どちらが先に廓清の端緒を開くかということの明らかにわかるまでは、できるだけ両大政党には投票を入れずして、いまだ腐敗せざるところの他の小政党、もしくは独立の候補者に、できるだけ多く投票を入れるのが愛国者当然の務めとなるのであります。

ゆえに私はこの度の選挙に対する標語としては、清き一票は清き仲間に入れよということに致したい。

1930年1月、第2回普通選挙にあたる衆議院議員総選挙公示を受けて話し合う尾崎行雄(左から2人目)。尾崎は三重2区から立候補しトップ当選した。右隣は新渡戸稲造と思われる(提供:朝日新聞社)

この録音は昭和五年(一九三〇)二月の総選挙に臨むにあたり、国民に訴えた内容である。この時の尾崎はどの政党にも属さない、いわば無所属の立場であった。それゆえに民政党と政友会の二大政党の対立、抗争に強い批判を浴びせる内容である。この対立、抗争において議会を解散して選挙を行い、「五千万円以上一億円をただ捨てる」のは景気を深刻にするだけではないかとも批判している。今回の選挙は政党ではなく、「清き一票は清き仲間に入れよ」とも呼びかけて締めくくっている。尾崎らしい毒舌を含んだ演説である。

あえて付け加えておくが、尾崎はこののち、日本社会が軍事主導、ファシズム体制に移行していく時、世論の動向を見誤ってはならない、と衆議院で軍部に注文をつける演説も行った。昭和十年（一九三五）である。それが軍事主導時代への尾崎なりの戦いの宣言であった。

この演説は、政党の不毛の対立が、軍部に付け込まれる格好の口実となってしまうことへの不安も内在していることに注目すべきである。

安部磯雄——無産政党の使命とは

安部磯雄は、日本に社会主義思想を持ち込んだ先駆者と言われている。「日本の社会主義の父」という表現で語られたりもする。キリスト教人道主義者の立場で社会主義を理解したのだが、その人生の軌跡には一本の筋が通っている。

安部は元治二年（一八六五）二月四日に福岡で生まれる。父親は福岡藩の藩士だった。これからの時代は英語が必要と、京都の同志社に入り、五年間学び、新島襄（にいじまじょう）の薫陶（くんとう）を受ける。洗礼も受けクリスチャンとしての生涯を送った。新島に対しては終生師として敬意を払い、「私の人生の目標は亡くなった後に天国で新島先生から、安部、よくやったと言われること」というのが口癖であった。同志社で学んだ後にアメリカ、ドイツに学び、帰国後は同志社の教員となるも宣教師グループとの対立で早稲田に移った。以後早稲田にあって野球部創設など幾つかの安部らしい教育実績を残した。

安部は、明治三十年代初頭から社会主義研究会のメンバーとなり、明治三十四年（一九〇一）には社会民主党を結成するなど、木下尚江（きのしたなおえ）、幸徳秋水（こうとくしゅうすい）らとは同志の関係にあった。ただし社会主義思想が過激な方向に進むのには反対して次第に穏健な人道主義のもとでの社会主義を唱えた。

大正十五年（一九二六）には、ソ連邦の誕生、日本共産党の設立などの動きとは別に、社会民衆党を結成して委員長に就任している。労働運動や農民運動が激しくなる大正中期から末期にかけて、無産政党の立場からの受け皿を目指したのであった。

安部磯雄（社会民衆党委員長、昭和三年二月）

私は皆さんが来たらんとする第一回の普選において、その投票権を最も公平に、自由に、かつ有効に使用されることを希望するのでありまするがゆえに、皆さんが持っておられるこの権利をどういうふうに用うればよいかということにつき、手短に述べてみたいと思います。

生活問題を中心にして考えれば、私ども人類は有産階級と無産階級の二つに区別することができるのであります。すなわち、遊んでいても食える人と、働かなければ食えない人との二つに分かれております。

無産階級とは、決して貧乏人という意味ではなくて、なにかしら手足を働かせた、あるいは頭を働かせて勤労しなければならぬ人々を言うのであります。ゆえに、無産階級に属する人々は、労働者、自作農、小作農をはじめ、官吏、会社員、教師、弁護士、卸売業、小売商というがごとき、毎日働いて生活しておるものを含みます。

しからば、全人口から見て有産、無産の割合はどんなものであるかというに、有産者がわずかに人口の五分を占め、無産階級が九割五分という大多数を占めておることは明らかなる事実です。

私どもはなぜ有産、無産と分けて考える必要があるかと言えば、ここに重大なる生活問題が存在しておるからであります。

しかるに、既成政党は今日までこの生活の不安を取り除くためにどれだけのことをしたのですか。彼らは政権争奪のため、あまりに熱中しておりますから、国民の生活問題などを考える余裕がありません。よし余裕があったとしても、彼らに国民の生活を保障する政策を考えたり、あるいはこれを実行するだけの能力があるのでありましょうか。私は断じてないと答えたいのであります。

私ども勤労階級の問題は、決して有産階級の力によりて解決せらるるべきものでなく、私ども自身の手によりて処理されねばなりません。無産政党の興(おこ)ったのはこれがためであります。

この演説は昭和三年（一九二八）二月の普通選挙法に基づく第一回の総選挙で、国民に無産政党とはどういう意味かを説いたものである。人類社会は有産階級と無産階級に分かれると説いて、九五パーセントは無産階級、つまり勤労に勤しむ人で成り立っていると語っている。それなのに既成政党はこの人たちの生活不安を取り除いていない、とも訴えている。

しかし政府は普選の実施とともに、治安維持法を新たに制定し、特高警察が組織化されて徹底した弾圧を行った。普選は既存の社会勢力にとって不安材料があったのだ。例えば無産政党の候補者が演説を始めると、「弁士中止」と中止命令を出して演説をさせないという光景は珍しくはなかったのである。有力候補には五分も話させないということもあった。一方で無産政党も安部のもとに集まった人たちで作った社会民衆党（委員長は安部磯雄）、日本労農党、労働農民党の三グループに分かれて戦っている。無産政党側もそれぞれ思想上の対立があり、統一がならなかったのである。安部は東京二区で当選しているが、社会民衆党の東京の当選者は安部一人だけであった。

無産政党全体の当選者は八人であった。次点者は十人だったが、統一していればあと五人は当選した可能性があったという。安部のこの演説は、無産政党の意味をわかりやすく説いている。それだけに第一回の普選がいかに啓蒙的な意味も含んでいたかが窺える。

大山郁夫——政治的自由獲得のための闘争

第二回の普通選挙法による総選挙での、他の無産政党の党首による演説の録音も残されている。労働農民党の委員長であった大山郁夫の国民に向けての演説である。

大山は当時早稲田大学の教授でもあったのだが、人々の間では「輝ける委員長」とも呼ばれ、一般の候補者よりは畏敬の念で見られていた。大山は確かに大学教授であったにせよ、現実社会の矛盾と戦う政治家をも目指していたと言っていいだろう。教壇で政治学を論じるだけでは不満だったのだ。

実際にこの録音でも、浜口雄幸内閣は緊縮財政を訴えながらも、軍事費はかなり多めに認めており、「その大部分は帝国主義戦争準備のための使途」に当てていると痛烈に批判している点に注目すべきであろう。

さらに「金融資本の政治支配」こそが戦争準備そのものだと指摘するのである。こういう直截な表現で政府批判を行い、我々はそのような政治目的とは戦わなければならないと檄を飛ばしている。資本主義体制の仕組みそのものと戦わなければならない、との言も含まれているのである。それだけに大山の演説内容は極めて剛直な社会主義者の発言と見てもよいであろう。それゆえにと言うべきだが、大山が特高警察から特別に監視を受けていたのも当然だったのかもしれない。

大山郁夫 (労働農民党委員長、昭和五年)

一般の方たちは、ドヤの労働者、農民とともに、あくなき資本主義的搾取（さくしゅ）と、限りなく加重してくる重税、悪税のもとに、日々没落の危機に追い詰められつつあるのであります。かくて、都市に、農村に、街頭に、いたるところ列訴の声があげられ、その下から反抗の機運がどんどんと生まれつつあるのであります。

かかる情勢のもとに、国家財政は今まさに窮迫状態に陥っているのである。それにもかかわらず、浜口内閣は、あらゆる負担とあらゆる犠牲を労働者、農民、無産市民の肩の上に移して、あくまで金融資本家の利益を本位とする産業合理化政策を押し通そうとしておるのであります。

それに、例えば明年度の予算を見ても、これは名は緊縮予算と称せられておるにもかかわらず、なお十七億四千万円以上を計上しておるのである。しかも、驚くべきことには、その大部分が軍事費のためにあてられておる。すなわち、その大部分は帝国主義戦争準備のための使途にあてられておるのであります。

この事実から我々は何を学ぶことができるか。それはこういうことである。すなわち、今日のように金融資本の政治支配が確立されておるもとにおいて、この帝国主義戦争の準備というものこそが、全民衆の生活を蝕(むしば)んでいるところの作因であるという一事であります。今日、資本家が地主の政府が行っておる一切の搾取、弾圧、欺瞞(ぎまん)の政策は、それを出発点とし、またその一点に集中せられておるものであるということができるのであります。

今や第五十九議会を前にして、政治的関心というものは非常に高まってきているのである。我々はこの機会に乗じて、全大衆の日常利益の擁護をするために、またその政治的自由の獲得のために我々の闘争を進めなければならない。

1930年1月、第2回普通選挙にあたる衆議院議員総選挙に向けて揮毫する大山郁夫。東京5区から立候補して初当選を果たした（提供：朝日新聞社）

大山の経歴を見ると、明治十三年（一八八〇）九月二十日に兵庫県の赤穂（あこう）村で医師の息子として生まれる。少年期に大山家に養子として入り、東京に出てきて早稲田で学んでいる。卒業後はアメリカやドイツに留学、帰国後は早稲田の教授になった。アメリカやドイツの社会の変化を見てきただけに、最新の政治状況などにかなり敏感になっていて、教授を離れて一時は朝日新聞で論考を書いたりもしている。

そして大正十年（一九二一）、再び大学に復帰。この教授時代に労働農民党の委員長に就任し、その後、昭和五年（一九三〇）の総選挙に立候補し当選している

（前回の第一回普選では弾圧、干渉が激しく落選）。

しかし、満洲事変後の議会政治に対する弾圧がより激しさを増したことで、日本社会のファシズム化に絶望し、アメリカに亡命する形で弾圧を逃れている。太平洋戦争の終結後に日本に戻り、早稲田大学教授に三度目の就任を果たした。その傍ら参議院議員に当選し、社会主義陣営の一角に位置して存在感を示した。その人生は自らの信念を貫く姿勢そのものだったと言える。この演説はその信念の一端が示されている内容だと言っていいだろう。

第二章　満洲事変勃発

若槻礼次郎――ロンドンより海軍軍備の縮小について

ここに収めた以下の録音は極めて貴重である。若槻礼次郎は、昭和五年（一九三〇）一月、ロンドンで開かれた海軍の軍縮会議に日本の首席全権として出席していたが、会議に臨むにあたり、ラジオ放送で日本国民にこの会議の重要性を訴えている。この放送はラジオという媒体が、海外から中継した初めての放送であった。つまり歴史的な意味も持っていたのである。あえてもう一点付け加えておくが、こうした重要な国際会議に参加する全権代表が、会議に臨む所信を披瀝（ひれき）するのも初の試みであった。それゆえに貴重というのである。

このロンドンでの海軍国際会議は、イギリス、アメリカ、フランス、イタリアと日本を加えての五カ国で海軍の軍縮を目的に開かれた。各国海軍の補助艦（巡洋艦、駆逐艦、潜水艦など）の制限や、大正十一年（一九二二）のワシントン海軍軍縮条約で決められた十年間の主力艦新規建造の停止延長を具体的な討議の対象にしていた。こうした会議の全権が軍人だと建艦競争に拍車がかかるため、各国とも有力政治家が名を連ねての会議であった。日本からはこの時の首相の浜口雄幸の指名で、首相経験者の若槻礼次郎が代表となり、海相（海軍大臣）の財部彪（たからべたけし）、それに駐英大使の松平恒雄らが随員として補佐する態勢が組まれた。

この時、国力から見ても、とにかく軍縮条約を成立させて金解禁に伴う緊縮財政に沿った政策を進めるべきだというのが日本政府の立場だった。これに対して海軍の軍令部などの強硬派は基本的には対米比率七割を死守すべきとの方針を含みとしていた。若槻の随員には海軍の軍人も含まれていたが、彼らはこの数字にこだわっていた。

実際に会議では、この比率をめぐって議論を重ねたのだが、具体的に補助艦や主力艦の数字をどうするかなど、なかなか決着がつかなかった。若槻は妥協点を求めて苦労する。特に海軍側の強腰をいかになだめるかが鍵でもあったのだ。

若槻礼次郎（全権、立憲民政党、昭和五年二月）

懐かしき同胞諸君、この度、日本とイギリスとの間に、マルコニー会社ビーム式通信装置の完成がありましたために、雲山万里（うんざんばんり）を隔てておるも両国間において、あたかも相対するがごとくに通話をなし得ることとなりましたのは、まことに慶賀の至りであります。
不肖(ふしょう)、大任を奉じてロンドンに滞在するにあたりまして、この驚嘆すべき無線装置を利用して、ここに故国同胞各位に対して一言(いちげん)ご挨拶をなすの機会を得ましたのは、私の最も欣快(きんかい)とするところであります。

機械力によって人類の幸福を増進せんとするの努力は、過去において長足の進歩を見たのでありますが、国民間において紛争の原因と機会とを少なくし、たとえ国際的討議が停止するような場合がありましても、戦争に訴(うっと)おることなく、平和的手段によってこれを解決し、もって世界各国民をして恒久的平和の恩沢(おんたく)に浴せしまんとするの努力も、また最近多大の進展を見たのであります。すなわち、先には国際連盟の創設があったのであり、次いでワシントンにおける海軍制限条約（「海軍軍縮条約」のこと）の成立を見ましたのであります。

今や英国政府は世界のこの風潮をも考慮に加えられて、ワシントン条約に規定してないところの軍艦及び艦艇の種類について、相当な制限をなすとともに、同条約に規定してありましたところの艦種についても適当なる制限を加えんことを発議したのであります。

日米仏伊各国ともそれぞれ全権をロンドンに派遣いたしまして、一月二十一日、英国皇帝陛下（「国王」のこと）提言のもとにおいて第一回総会の開会を見まして、爾来、各国全権は、孜々として本事業の成功を期して、苦心惨憺情熱を傾けつつありますことは、同胞各位のつとに熟知せらるるところであります。

我が国は、今会議に臨むにあたりまして、一面、国際平和の確立を、海軍軍備の積極的縮小等を図るとともに、他面、我が国防の安全を保障するに足る程度の海軍力を保有するの方針に基づきまして、参加各国と相提携してこれが実現を図っておるのであります。

これによって我が国上下の期待にそわんことを我々は努めておる次第でありますが、こと国防に関係しておるのでありまして、極めて重大事項でありますからして、会議の前途には、なお幾多の紆余曲折あることを予想せんければなりません。

しかしながら、私は本会議において各国代表が献身その成功に努力しつつあるところの現状から観察してみましても、また現在、世界の民心が平和確保に向かい全幅の同情を寄せつつある現状を考え、科学者の努力が驚嘆すべき交通機関の発達をなし遂げたることにあやかりまして、軍縮の大事業も必ずや有終の美をあげて関係諸国民の

> **間に相互信頼と協力の念とを増進して、もって人類の平和なる共同生活の上に大なる貢献をなすに至るべきことを確信しておるものであります。**

若槻は、どのような時でも事態を客観的に見ることのできる政治家であった。その経歴を見ると、慶応二年（一八六六）二月五日に出雲国松江城下雑賀町（現在の島根県松江市）で生まれ、一族は藩の郷士であった。少年期から頭脳明晰と言われ、第一高等学校から東京帝国大学（当時は帝国大学法科大学）に進み、大蔵省に入る。明治二十五年（一八九二）である。

順調に栄達の道を歩み、明治三十九年（一九〇六）には西園寺公望内閣で大蔵次官に就任している。大正元年（一九一二）には蔵相になり、その後は桂太郎の立憲同志会結成に参加、政治家の道を歩んでいる。大正十五年（一九二六）には憲政会総裁の座につき、第一次若槻内閣を組閣している。しかし昭和恐慌への対策が枢密院などの賛成を得られず、総辞職している。

その後、立憲民政党の結成に参加、顧問の立場に落ち着く。ロンドンでの海軍国際会議

1930年1月、ロンドン海軍軍縮会議に列席した若槻礼次郎首席全権（中央）。左は財部彪海相、右は松平恒雄駐英大使（提供：朝日新聞社）

の首席全権はこの立場の時であった。若槻の政治理念がこの放送の中にも盛り込まれているのがわかる。末尾の「関係諸国民の間に相互信頼と協力の念とを増進して、もって人類の平和なる共同生活の上に大なる貢献」というのが政治家としての信条であったのだ。

結局、海軍軍縮条約は戦艦などの対米比率は六割九分七厘、大型巡洋艦は六割など数字の上では日本の妥協によって成立した。若槻は政府に了解を求める電報を打ち、妥結を促（うなが）した。これに対して海軍の軍令部の強硬派は政府攻撃に転じ、それに刺激された民間右翼が浜口雄幸首相を狙撃する事態になった。

前述のように浜口は辞職することになり、若槻が第二次内閣を組閣することになった（昭和六年四月）。組閣から五カ月後、満洲事変が起こり、日本は軍事主導体制の道に入ることになる。若槻の平和論はあっけなく崩れていくのである。

犬養毅——満洲事変後の日本の根本問題

犬養毅首相は「悲劇の宰相（さいしょう）」である。その意味は単にテロに倒れたというのではなく、自らの政治信念を全く歴史の年表に刻むことがないままに亡くなったからである。

その人生の歩みは憲政擁護、つまり議会政治の守り手として近代史の中に位置づけられる。犬養は、昭和七年（一九三二）五月十五日に起こった五・一五事件によりテロの犠牲者になったが、この時に首相として満洲事変の解決に密かに動いていた。それが軍部の怒りを買い、いわば事情を詳しく知らない海軍士官、陸軍士官学校候補生、農民団体などの行動に結びついていった。その裏側を精密に見ていくと、犬養の政治信念は見事なまでに侮辱（ぶじょく）されていることがわかってくる。それは昭和史の悲劇でもある。

関東軍の軍事展開は、昭和六年（一九三一）九月の柳条湖（りゅうじょうこ）での関東軍参謀らによる謀略で始まった鉄道爆破を発端として、たちまち東北三省（遼寧（りょうねい）省・吉林（きつりん）省・黒龍江（こくりゅうこう）省）に広がった。関東軍は制圧地域を拡大するとともに、翌七年（一九三二）三月には満洲国を建国して、かつての清朝帝政の溥儀を担ぎ出して執政の地位に据えた。犬養はこの時に首相の座に就いていたが、首相として打つ手に困窮していた。

この録音はこうした事態になる前のもので、昭和七年一月に行われた総選挙での政友会総裁としての演説である。

犬養 毅（首相、立憲政友会、昭和七年一月）

我々がこの度の選挙に臨んで、自分の主張を述べ、これに対するところの反対の党派の主張、この間に全国民において公平なる審判を下されることを求めます。

我々の主張を大別してごく簡単にこれをひっくるめていえば、応急の問題と根本の問題との二つに分かれる。応急の問題はなんであるかといえば、外に対しては、満洲の事変をいかに解決するか、こういうことが一つ。それからまた内にあっては、現在の不景気を、いかにしてこれを、不景気を回復するか。活気を与えるか。これが応急の問題である。

それから根本の問題としては、外においては、隣国支那に対して全体の国際関係をいかに改善するか。この根本が定まらなければ、わずかに満洲の問題が収まったといって隣国の関係が収まるんではない。それゆえに、この根本をどうするかということについては、我々は多年の研究と抱負を持っておるのであります。これを行いたい。それから内に向かっては現在の不景気をどう挽回するかという応急問題だけではしかたがない。根本からいえば、産業政策のもとにわたっていかにして日本の産業を振興しうるか。またいかにして日本の産業を統制し、もう少しこれを合理的に発達させることができるか。これが根本の問題である。

解散の一番必要の生ずるというのは、すべてのものを安定させる。政府はむろんこれにおいて基礎を安定させる。ひとり政府ではない、内にあっては、すべての事業に着手するものが、このままこの政府の方針の通りにいくのであるか、またもとへ帰って前内閣のようになるのであるか、ということの気掛かりの間は、思い切って着手はできないのである。それゆえに是非ともここで安定させるということが必要である。

ひとりそれのみではない。隣国の関係を根本的に定めようといえば、従来のごとき方針ではとても相手になるわけのものではない。それゆえに現在の内閣がいつまで続くのであるか。この方針なら自分も考えようがあるということは、確かにこの隣国も考えておるのであるから、どうしてもこれに向かってても基礎を定めるということが必要である。

いかなる仕事においても決して半年や一年で完成するものではない。どんなに少なく、急速力でやっても、四年間、もしくは五年間かからなければ一つの政治が完成するということはできない。いわんや六十年間続いて、惰力に惰力で重なっておったこの弊害を叩き破って新たな仕事を始めるというのは、少なくとも四、五年はどうしてもかかるわけである。

それゆえに、我々は全国民に訴え、この日本の体制、すべてのものの衰えておるという、この老朽した日本に活気を与えるというがためには、諸君は大奮発をして我々に援助をせられることを求める。これはきわめて明瞭である。前内閣が行っていた通りにしたなら、日本の産業はどうなる。日本の外交はどうなるのであるか。

これを考えて、我々が現在主張するところのものに対処をしたならば、いずれが是であるか、いずれか非であるかということは最も明瞭にこれは判断できうるものであるから、私は謹んで全国民に向かって、この公平なる審判を下されるということを私は求めるものであります。諸君は国のために非常な大努力をせられんことを希望いたします。

軍部による軍事主導路線が進んでいく折の、政治指導者の言として特に重要なのは、「六十年間続いて、惰力に惰力で重なっておったこの弊害を叩き破って新たな仕事を始めるというのは、少なくとも四、五年はどうしてもかかる」という一節である。

解釈は分かれるのだが、ここでいう「六十年間」とはどのような意味が込められているのか。この録音は昭和七年（一九三二）であるから、明治維新（一八六八）から数えて六十年余となる。つまり犬養は、隣国「支那」との近代六十年を再構築しようと選挙民に訴えているとも言えるのだ。満洲国建国などの暴挙を戒めていると、私には理解できる。

犬養は安政二年（一八五五）四月二十日に庭瀬藩（現在の岡山県）の藩士の家に生まれた。二十歳になって東京に出てきて、福沢諭吉のもとで学問を積む。傍ら郵便報知の記者とし

1932年3月、「満洲国」建国の日に、日の丸と満洲国の国旗を振る子どもたち（提供：朝日新聞社）

て記事を書き、明治十年（一八七七）の西南戦争では従軍記者として優れたルポルタージュを書いている。西郷軍の敗残の記事は秀逸である。

その後若くして政治活動に入り、記者との二足の草鞋を履いている。明治二十三年（一八九〇）の第一回衆議院総選挙に立候補して当選、岡山の地元民の信頼が厚く、明治、大正、昭和と政治家生活を続けた。その政治的立場は必ずしも国民的立場ではない時期もあったが、政府が強権を振るう時には反対の論陣を張った。憲政擁護のために藩閥政治へは呵責のない批判を浴びせた。その論は終始一貫していた。

その意味では、庶民の気持ちを代弁する政治家でもあった。特に孫文の辛亥革命を積極的に支援するなど、アジアの独立運動家への強い連帯を示した。政党の結成、合同などにも積極的に関わり、最終的には大正十四年（一九二五）に自らの作った革新倶楽部を政友会と統一させてひとまず政治活動を休んでいる。しかし昭和四年（一九二九）に政友会総裁として復帰、浜口雄幸、若槻礼次郎内閣を徹底批判、その毒舌も注目された。そして昭和六年十二月に若槻内閣が倒れ、その後を引き継いで第二十九代首相に就任した。「悲劇の宰相」というのはこういう巡り合わせもまた含んでいる。

永井柳太郎――日本は政友会の日本ではない

政友会総裁でもある犬養毅首相の選挙民向けの演説に対して、民政党側はどのような反論を試みたのだろうか。民政党の理論家として知られている永井柳太郎の批判演説を聞いてみることにしよう。

永井は議会で舌鋒鋭く対立政党を批判することで知られている。クリスチャンであり、一見すると温厚に見えるのだが、雄弁家としての評もあり、議会人としては「敵にすれば厄介だが味方にすれば頼もしい」との声もあった。

この録音の中で、永井は共産主義の脅威を語り、国民生活の安定と思想善導に努めるべきことを訴えている。そして、政友会は金輸出の再禁止に踏み切り、財閥のドル買いの機会を与えていると批判する。民政党の金解禁政策を踏みにじり、国民生活を党利党略に利用しているとその批判は鋭い。こういう党利党略が共産主義につけ入る隙を与える理由だと言いつつ、幕末の国事に奔走した祖先の志を忘れないために、われらは犬養内閣と闘うというのが、録音内容の趣旨である。

永井柳太郎（立憲民政党、昭和七年）

諸君、明治維新は何のために行われましたか。徳川幕府の少数専制を打破し、日本をして日本人の日本たらしめんがためであったのであります。明治大帝が幕末当時、西郷（隆盛）や大久保（利通）や木戸（孝允）や板垣（退助）や大隈（重信）や、在野無名の青年志士を抜擢（ばってき）あそばされ、これら無名の青年志士と共に維新の大業にあたられたるは、すなわち新日本建設の基礎を少数の特権階級に求むることなく、国民大衆に求むべきことを明らかにせられたるものであって、独り日本のみならず全世界に対して新国家建設の模範を示したるものと信じます。

今日我が国の最も憂いとするは、外国より来たる共産党の革命運動であります。生活難の深刻となれる結果、国民思想の動揺に乗じ、国家の存立そのものを脅威せんとするがごとき運動が行わるるに至ったことは、真に憂慮に堪えざるところであります。

ゆえに政府当局者たる者は、一方、身をもって国民思想善導に努めると同時に、他方、国民生活安定に必要なる新社会を建設し、もって国家更生の新気運を招来するに全力を尽くすべきであります。

しかるに犬養内閣は、一方、警視庁前の大逆事件（昭和七年一月の「桜田門事件」のこと）に際し、ご警護の責任を疎かにし、重大失態を犯したる身をもってなおその地位に留まり、重ねて将来のご警護に任ぜんことを要求するのみならず、これを責むるものあらば、畏くも宮中において賜りたる陛下の御沙汰を外間に発表して自己を弁護するの愚に供せんとし、国民の面前において輔弼の重責を無視して憚らないのであります。

これと同時に他方、犬養内閣はそのかねての陰謀に基づく金輸出再禁止を断行し、政友会と結託したる一部財閥に対して、いわゆるドル買いにより暴利を博する機会を与え、これがため急激なる物価の騰貴を惹起し、国民大多数の生活難を一層深刻ならしめ、国民生活を党利党略の犠牲として顧みざるがごとき暴挙を敢えてしたことは、事実において一党専制を行う者であると言われても弁解の事実なかるべく、かくのごとき暴挙は明らかに明治維新の大改革に逆行するのみならず、また国民思想悪化をますます激成するものと言わなければなりません。

かくのごとき内閣の存在は共産党の革命運動に対し、絶好の機会を与うるものであって、国家の危険これにすぐるなしと信じます。日本は日本人の日本であって断じて政友会の日本ではありません。われら今にして犬養内閣と闘い、一君万民の大業を確立するあたわずんば、他日なんの面目あって地下に幕末維新の当時身を挺して君国の事に当たりたるわれらの勇敢なる祖先にまみうるをえんやと思います。

いやしくもわれらと憂いを同じくする者は、来たって共に犬養内閣と闘い、強く正しく明るき日本の建設に対しわれらと協力せられんことを衷心より熱望するのであります。

この録音に見られるように永井の雄弁術は、国民を説得する時に巧みに、歴史の流れを踏まえ、そしてその時代のもっとも大きな政治的不安を絡ませて説得する手法であることがわかる。実際にこの演説を聴いたものは、この五、六分の演説の中に様々な時代の様相が盛り込まれているのが理解できるであろう。特に共産主義をもっとも警戒すべき存在と見て、政友会の失政がこういう組織の拡大につながるというのは、この期の政治家としては先を読んだ論点の提示になっている。

永井は、明治十四年（一八八一）四月十六日に石川県金沢市で生まれた。父親は教育者であった。旧制中学時代は京都の同志社や関西学院で学ぶ。同志社で安部磯雄の教えを受けて大学は早稲田に進んだ。早稲田でも大隈重信に認められ、オックスフォードへの留学の機会が与えられているのだが、独自の感性を持っていたということであろう。帰国後は早稲田で教鞭(きょうべん)をとるも学内騒動に巻き込まれて罷免(ひめん)されている。大正九年（一九二〇）に政治家に転じ、それ以降当選を続け、一貫して民政党に籍を置き、幹事長などを務める。犬養毅がテロで倒れた後の斎藤実(まこと)内閣では拓務(たくむ)大臣などを務める。

あえて付け加えておくが、永井は初当選後の議会演説で、政友会総裁の原敬の選挙上手をもじって、「西にレーニン、東に原敬」と皮肉を浴びせた。これに政友会側が激怒して、懲罰を受けている。歴史に語り伝えられているエピソードである。

井上準之助——金輸出再禁止の決行は誤り

昭和初期には二人の歴史に名を残す財政専門家がいる。井上準之助と高橋是清である。金解禁をめぐる政治的対立の中で、この二人が相反する立場に立ったこと、そして二人の論戦が歴史的意味を持つこと、この二点が後世にも語り伝えられている。同時に二人には共通点もある。それは二人ともに「テロリズムの犠牲」になったということであった。井上は、昭和七年（一九三二）初頭に血盟団事件で、高橋は昭和十一年（一九三六）二月の二・二六事件で、青年将校の銃弾によって倒れている。

そこで二人の生の声を以下に紹介していきたい。井上準之助は昭和四年（一九二九）七月の民政党の浜口雄幸内閣と、それに続く若槻礼次郎内閣で蔵相を務めた。その政策は「井上財政」と言われるほどの財政理論に基づく金解禁による緊縮財政であった。国民には消費の抑制、公務員には減給、金融政策の引き締めなど、徹底した金解禁のための環境づくりを行った。それが井上財政と言われるゆえんであった。国民の間に不満が起こっても、日本の財政政策のレベルを国際基準にもっていくために避けられない政策というのであった。ただアメリカで始まった経済恐慌の影響で、日本経済は井上の予想よりもはるかに大きなダメージを受けることになった。

まず井上の略歴をスケッチしておくが、明治二年（一八六九）三月に、現在の大分県日田市に生まれる。旧制第二高等学校、帝国大学法科大学を卒業して日本銀行に入り、順調に出世して大正八年（一九一九）に総裁に就任している。高橋是清に目をかけられたというから、高橋とは恩義のある先輩後輩の関係だったとも言える。昭和二年（一九二七）に高橋が蔵相になった時は再び日銀総裁に就任しているが、次の浜口民政党内閣では、蔵相にと要望されて金解禁政策と取り組むことになった。いわば政治の世界の最も難しい時に取り組むことになったと言えるだろう。

井上の理論や財政政策の考え方、そしてその人間性が、浜口首相のお眼鏡（めがね）にかなったとも言える。井上の頭の良さやその信念も、民政党は欲していた。しかし、昭和恐慌の財政責任者として民間右翼のテロの対象になり、その命を閉じた。六十二歳であった。いずれは首相にと、元老の西園寺公望に期待されていたのは、天皇周辺にも知られていて、その期待感がテロによって潰されてしまった。昭和初期に経済に詳しい人物が首相に就任しなかったことは、結果的に大きな損失にもなった。

この録音は昭和七年（一九三二）一月、総選挙を前にして犬養毅内閣の金輸出禁止を批判する演説であるが、国民に向けて、政友会の再禁止政策は「不真面目に破壊」を企図しているとして、激しい言葉で批判している。温厚な井上にとっても政友会の再禁止政策は我慢がならなかったと思われる内容である。それだけに歴史的意味も大きい。

井上準之助（立憲民政党、昭和七年一月）

諸君、犬養内閣は、組閣直後、金輸出再禁止を断行しました。浜口内閣成立以来二年有半、国民と共に非常な忍耐と努力によってようやくに建設いたしました金本位制度を、一朝にして破壊し去ったのであります。日本の財界の根本には、なんら金の再禁止を決行しなくてはならない欠陥がなかったのであります。貿易の関係において、財政の関係において、通貨の関係において、さらにその懸念がなかったのであります。

なおまた、九月二十一日に英国が金本位停止をいたしますと、一部の資本家、少数の銀行者は、「日本もイギリスと共に金の再禁止をするであろう。それならば、その以前に資金を外国に移しておいて、これによって利益を得よう」という思惑をする人が生じたのであります。これがすなわち、いわゆるドル買いであります。これに対する資金を調達するために比較的巨額の金貨を海外に送りましたのは事実であります。しかしながら、この思惑の取引は十月の末には全然止まってしまっておったのでありますから、犬養内閣が十二月の十四日に金輸出再禁止を決行したことは、その時期を誤っており、その必要はさらになかったのであります。

しかしながら、大養内閣は、これらの事情を知らず、乱暴にも金の輸出禁止を決行したのであります。その結果は、一方には一部の思惑者に莫大な利益を与え、他方には金本位制を破壊し、財界を不安ならしめ、国民の利益を犠牲に供したのであります。これは全く犬養内閣政治の結果であります。

諸君のご記憶の新たなる大正三年（一九一四）に、ヨーロッパの戦争が始まりましたころに、外国が日本の品物をたくさん買う。高く買う。そのために日本国民の購買力が増えまして、物価騰貴、景気がよくなったのであります。これならば本筋であり、しかしながら、今度のことは、金の値段を下げておいて、そうして物の値段が高くなったように見せつけておりますが、法律の力によって、一夜のうちには国民多数の購買力、物を買う力は増える気遣いなのであります。かような不合理なことが長く続いて、今日のような浮いた政治が続こうと考えません。

諸君、民政党は元来、真面目に建設的に努力してきたものであります。政友会は反対に不真面目に破壊をしてきておるものでありますから、私は諸君の公平なる両者に対する批判を希望するしだいであります。

高橋是清——財政支出が需要拡大を推進する

高橋是清は、近現代史を生き抜いた破天荒な人物である。正規の教育機関を歩んで知識、識見、さらには学識を積んだわけではなかった。しかし全ての近代理論を肌で学んだという稀有の人物であった。実学で教養を身につけた、まさに実践を伴う知識人であり、その実行力は先進性を伴っていた。

高橋は昭和六年（一九三一）十二月の犬養毅内閣で蔵相を務め、犬養が暗殺された五・

一五事件以降は、いわゆる高橋財政の名のもとに金輸出の再禁止を実施して金本位制の停止を大胆に進めた。当初は軍事費の膨張と不況脱出のための救済費を柱とした予算であったが、やがて軍部の軍事費拡大要求に困惑する状況になった。岡田啓介内閣では、逆に軍事費を抑えて財政の健全化を目論（もくろ）んだ。それが軍内の不満に火をつけて、二・二六事件の犠牲になったとも言えた。そのため、悲劇の財政マンとも評されるようになった。

今回のこの録音は、昭和十年（一九三五）二月に行われた蔵相としての国民向けの演説である。岡田啓介内閣で再度蔵相のポストに座った時であった。この三年前の昭和七年（一九三二）三月に関東軍が満洲建国を宣言した後、日本政府は国際社会から批判をあび、翌八年（一九三三）三月に国際連盟を脱退していた。つまり非常に辛い立場だった。

ただ高橋は、金輸出再禁止により、日本の経済の状況はよいと分析している。現状を悲観的に見るべきではない、というのが演説の骨子でもある。

高橋是清（大蔵大臣、立憲政友会、昭和十年二月）

顧みれば、政府が昭和六年（一九三一）十二月、金輸出再禁止を決行いたしましてより今日まで、すでに三年有余の星霜を経ておりまするが、この間、政府は、その当時における経済界の深刻なる不況を打開し、景気回復の目的を達せんがために適当なる方策を定め、鋭意これが実行に努力いたしたのでありますが、幸いに国民の熱烈なる協力を得て今や景気の好転、相当顕著なるものがあるに至りましたことはまことに欣快とするところであります。

すなわち、政府においては昭和七年以来、まず一方に資力供給を目的とする各種の事業を興すと共に、他方においては金融上に適切なる改善を施し、もって資金の円滑なる供給を図ったのでありまして、これがため、日本銀行発券制度の改正、不動産融資及び損失保障法等の制定、郵便預金利率の引き下げと、必要なる施策を行ったしだいでありまするが、これらの諸施策は、時局増強事業の振興とあいまって、漸次その結果を現し、金利は一般的に低下し、資金の供給もすこぶる円滑なるに至りました。また一般物価も穏健なる方向をたどり、だんだんとわずかに物価がのぼってきております。

また、労働者、その他勤務者の事業も次第に喚起せられまして、政府が支出する資金のしみわたっていくにつれて、国民の購買力、及びその貯蓄力も漸次に回復を見たのでありまして、銀行その他金融機関の預かり金も著しく増加しました。その他、労働者の就業率の高まりましたることや、鉄道運賃の増収等、すべてこれらの現象に徴しましても、一般経済界の景気の好転の跡は相当顕著なるものがあることを見るにたると考えます。

もっとも、農村や山村、漁村等の方面におきましては、経済不況の転換は遅々たる状態にあるものがありますゆえ、政府はこれが振興について最善の努力を続けておるしだいであります。

高橋とするならば、国民を勇気づけようというのが狙いなのであろう。この内容で、青

年将校の怒りを買うとは思われない。財政マンの立場が反感を持たれたとするなら、軍人たちはよほど健全財政が恨みの種だったのであろう。

　高橋は「破天荒な人物」と書いたが、実際はどういう人物だったのか。

　嘉永七年（一八五四）閏七月に江戸に生まれ、幼少時に高橋家に養子に出されている。少年期にアメリカに留学するのだが、騙されて奴隷扱いの環境の中で過酷な労働を強いられる。それでも英語の習熟に努め、日本に帰ってきて英語の教師になる。その知識が買われて日本銀行に入り、副総裁時代に日露戦争に遭い、戦争資金集めにヨーロッパ、アメリカで国債の売りつけに奔走する。戦費調達は高橋の尽力によるところが大きかった。その後日銀総裁となり、大正時代に入ってからは山本権兵衛内閣の蔵相のポストに座った。それからは政治家として、財政の専門家として、近代日本の舵取りの一躍を担うことになった。

　その人生の軌跡は近代史の道を一人で切り開いて歩んだ傑物と評することができるであろう。その知識は実践に基づいているがゆえにすぐに役立つという特徴があった。まさに実学と実用の財政専門家であった。

斎藤実——「非常時の覚悟」をもって困難と戦う

斎藤実（まこと）が首相に就任したのは、昭和七年（一九三二）五月二十六日である。元老の西園寺公望は犬養毅首相がテロで倒れた後の内閣を、政党主導でつくることを諦（あきら）めた。軍部が自分たちの要求する首相を天皇に伝えるように執拗（しつよう）に要求したからである。

そこでやむなく西園寺は挙国一致内閣を目指して、斎藤実を推した。斎藤は海軍出身の穏健派で、明治後半から大正の初期に海軍大臣を務め、日露戦争後の海軍の近代化にも努めている。昭和に入ってからは朝鮮総督に就任する一方で、枢密顧問官なども務め、広義には天皇側近の一員とも言えた。西園寺はそういう経歴に期待したのである。

しかし軍部（特に陸軍）は、国際社会も日本国内の動きも非常時であると言い出し、満洲事変、満洲建国への道、国内不況の脱出、軍事予算の拡大などで政府や政党に圧力をかけるのに躊躇（ためら）いを見せずという状態になっていく。日本社会は歴史上ではファシズム体制、あるいは超国家主義の道に進んでいくのだが、それを恐れた自由主義者の西園寺は、斎藤で歯止めをかけようとの意思を持っていたのである。

ここに収めた録音は、首相に就任して五カ月後の昭和七年十月に「非常時の覚悟」と題して、国民に訴えた内容である。

斎藤 実（首相、海軍、昭和七年十月）

私は本来五月、はからずも大命を拝し、国政総理の大任にあたることとなりましたが、時あたかも内外きわめて多事多難であり、内は打ち続く経済界の不況その因をなし、農山漁村及び都市の疲弊著しく、ために国民の生活を脅威し、加うるに矯激なる言動その間に起こり、社会上、思想上の不安と焦燥等をもたらし、また外は満洲問題を中心として国際間の関係すこぶる複雑をきわめ、いわゆる非常時に直面していたのであります。老身国に奉ずる真にこの時にありと信じまして、爾来五カ月、心身を傾けて奉公の誠をいたし、鞠躬尽誠、もって上叡慮を安んじ奉り、下国民の期待にそわんことを期したしだいであります。

すなわち、国内問題については、現下の国情に準拠し、官給を図り、援護を考え、まず応急的対策より初めて順次根本的対策に移ることとし、再度臨時議会を開いて時局匡救に関する諸案件を提出し、幸いにその協賛を得て、今や着々実行しつつあるのであります。

次に国外の問題としては、満洲国承認に関することであります。すなわち、過般満洲国を承認し、正式の国交を開き、もって東洋永遠の平和と皇国の康寧とを確保せんことを期したしだいであります。しかしながら、今なお満洲国成立の事実について認識を欠き、また我が国の正当なる立場を誤解しておるむきもあるように見うるはまことに遺憾の至りであります。

したがって、今後における国際間の関係は決して平易でなく、むしろ困難と戦い、これを解決しなければならないことを覚悟いたさなければならないと存じます。

斎藤はこの中で、日本社会は今まさに、「非常時に直面」していると訴えている。国内の農業恐慌などには「匡救」に関する環境づくりを行って、実績を上げつつあると指摘している。そして国外では、満洲国成立の理解が得られていないとの不満を国民に伝えている。結論として、次のような内容を伝えてもいる。

1932年、組閣した斎藤実内閣の閣僚たち。首相の斎藤実(前列左から2人目)、右隣が高橋是清蔵相、後列右から2人目が永井柳太郎拓相(提供:朝日新聞社)

「今後における国際間の関係は決して平易でなく、むしろ困難と戦い、これを解決しなければならないことを覚悟いたさなければならない」

これから後の日本の進む道の困難さを切々と訴えている。斎藤のような明治期に育ち、早くから海軍の指導部に入り、日本の歩んだ道を体で知っている軍人型の政治家は、何がそれぞれの時代に問われているかをよく考えていたと思う。この録音はその例だと言っていい。そして実際に日本は、この困難と戦ったにせよ解決策を見出すことはできなかった。それが昭和史の現実の姿であった。

付け加えておくが、斎藤は安政五年

（一八五八）十月に、現在の岩手県奥州市で生まれている。明治六年（一八七三）に海軍兵学寮に入り、卒業後は優秀な成績者に与えられるアメリカ留学を果たしている。明治半ばから海軍の戦艦勤務や本部勤務などを経て、日清戦争時には侍従武官もつとめている。明治三十年代には山本権兵衛海軍大臣に仕える海軍次官のポストにも就任している。いわば海軍内部では抜きん出たエリートとして遇されてきたのである。その斎藤でさえ昭和に入っての海軍艦隊派（対米強硬派）を持て余したということになるだろう。

先述したように、昭和七年（一九三二）に首相に就任するものの、結局、疑獄事件とされる帝人事件の責任を取って辞職するが、その後は内大臣に就任している。軍事主導に抵抗する中心人物として、二・二六事件では陸軍の青年将校によって暗殺されている。

第三章　国際連盟脱退から日中戦争へ

松岡洋右――国民精神を作興すべし

昭和八年（一九三三）二月、斎藤実内閣の時代に日本は国際連盟を脱退している。連盟総会では、問題解決のために委員会がまとめた日本軍の満洲からの撤退、中国の満洲権益の承認などの案（対日勧告案）が提出されたが、四十二カ国の賛成、反対一（日本）、棄権一で可決された。日本はそれを不服として国際連盟を脱退したのである。

この脱退時の経緯について日本の主席代表の松岡洋右（ようすけ）が、ジュネーブから帰国後、国民に向けて、「日本精神に目覚めよ」と題して講演を行った。その内容がここに紹介する原稿である。

松岡洋右（全権、立憲政友会、昭和八年三月）

よく日本でもどうかすると、日本は世界の世論に挑戦しておるとかおっしゃる方がありますが、それは大変な認識不足であります。日本は断じて世界の世論に挑戦してはおりません。

第一、この点につきましてシャムは棄権しております。シャムは棄権したので、反対投票したわけではないとおっしゃるかもしれんが、それはその場の光景をご存じない方のおっしゃることとです。あの場合「棄権」と叫ぶことは、ほとんどその十九カ国委員会の報告に対する反対投票と同一であります。現にシャムが、「アプシタンシオン」と叫んだ時に、これに対する嘲笑(ちょうしょう)の声が聞こえたぐらいです。そういう空気の中にシャムは敢然(かんぜん)として「棄権」と叫んだのであります。

また、ほかの国でも議場を離れて出た国がだいぶあります。それらは、いろいろ理由がありましたろうが、中には棄権とするために退場したのもあります。そこで、四十二カ国が投票したと言えば全部が投票した。形式ではそうなっておりますけれども、それは全部の事実ではない。

ことにこのシャムが棄権した。むしろシャムが反対した。日本を除くほかはアジア広しといえども、今日、本当に独立国といえるだけの国は遺憾ながらシャムしかいない。そのシャムがはっきりと、嘲笑の裏になお毅然(きぜん)として「棄権」と叫んだ。

これは諸君、何を意味しているか。これはアジアの国であります。世界の世論とよく言う人がありますが、世界の世論の中に、この地球上いちばん大きなアジアの国というものは勘定に入らんのかと。私はこういういったい頭の持ち方が、すなわち連盟を破壊するものであると信ずる。また世界の平和をこういう精神では得られないのである。我々アジア人に対しても、ある程度までの尊敬をすべきものであると私は信ずる。

日本人ですら、このシャムの棄権を重大視していない人がたくさんある。あれは西洋かぶれをしているからそうであるんであります。この一事をもってしても世界の世論というものがあげて日本に反対ではない。

私が六十余年来の外交を清算しなければならんと叫んでおるのは、外交術の清算などを言っておるのではない。すなわち、かかる属国根性を清算しろと言っておる。この魂を入れたいと私は言っておるのであります。まだこの属国根性の魂を捨てきらん人間が日本に相当数おるではないか。断じていけません。

我々はこれから一面に我が大和民族の使命を担い、そして我が大和民族の将来に対して偉大なる希望と抱負をもって、楽観はしておりますけれども、現状を見るにおきまして、私は深憂なきをえないのであります。

どうぞ、我々はなお前途、非常な国歩艱難が、内においても、外においてもたくさ

んある。その際に何はさておいても、この根性魂を清算して、そうして国民精神を本当に作興しなければだめであります。これが私のお願いであります。

日本の国際連盟脱退は、満洲事変以後の日本の対中国政策が国際的には全く認められなかったという意味になる。いわば孤立状態に陥るということであった。

国際連盟総会の票数を見ても、対日勧告案に賛成したのが四十二カ国であるのに対し、反対したのは日本だけで、かろうじてシャム（タイ）が棄権しただけであった。松岡はこの孤立した状況を語りながら、シャムだけが棄権したことを大いに讃えている。逆に言えばそのことが、日本の孤立を一層浮き彫りにすることにもなった。松岡は性格的にも独善、猛進、それに牽強付会だと言われるが、この演説にもそういう性格が表れている。負けず嫌いということになるであろうか。その部分を抜き出しておこう。

「シャムは棄権したので、反対投票したわけではないとおっしゃるかもしれんが、それはその場の光景をご存じない方のおっしゃることです」

つまり棄権は反対と同じだと言い、対日勧告案に賛成したといってもそれは表面的なこ

1933年2月24日、スイス・ジュネーブの国際連盟本部の特別総会で演説する松岡洋右全権(中央右)。この後、リットン報告書に基づく勧告案が賛成42、反対1(日本)で承認されると、日本代表団は議場から一斉に退場した(提供:朝日新聞社)

と、という具合にいささか手前勝手な意味付けをしている点に特徴がある。その上でシャムを見習い、属国根性を捨てろ、国民精神を作興せよと檄(げき)を飛ばしている。この松岡風の弁論がこの後の日本の内外での発言のスタイルになっていったことは記憶しておかなければならない。松岡については第四章でも紹介しているので、その内容と重ねてみることも必要だと思う。日本が松岡に代表される論法に深入りしているのがわかる。

国際連盟の代表になるまでの松岡の略歴を見てみると、松岡は明治十三年(一八八〇)三月に現在の山口県光市で生まれている。縁者にアメリカに居を移した人物がいて、その縁で少年期にアメリカ留学を果たす。キリスト教人脈に触れて自らも洗礼を受け、勉学と労働に勤しみ、アメリカ社会の現実に触れている。オレゴン大学で学んでいる。アメリカ社会の差別などに遭い、その点ではアメリカへの批判も持って日本に戻ってきた。ほぼ十年に及ぶ留学生活であった。

日本では外務省に入り、中国での外交官生活を送っている。ロシア、アメリカでの勤務にもついている。しかし大正十年（一九二一）に外務省を去り、南満洲鉄道（満鉄）の理事に就任している。昭和五年（一九三〇）二月には政友会から総選挙に出馬、当選している。政界では軍部の代弁をすることが多く、親軍派とも見られた。国際連盟での日本の対満洲政策を担う一人として、注目されて主席代表のポストにつき、ジュネーブに渡った。国際連盟からの脱退を告げて帰国した松岡を、国民は「ジュネーブの英雄」として讃えた。その後の松岡については第四章で取り上げたい。

岡田啓介――ロンドン海軍軍縮会議脱退後の総選挙に向けて

岡田啓介首相は前任者の斎藤実と同様に海軍出身の穏健派で、陸海軍の国家改造論者とは一線を引いていた。斎藤が財界の不祥事（帝人事件だが、これは財界への反感をかき立てる検察のでっち上げ事件）の責任をとって辞職した後を継いだのだが、これには西園寺公望の意向もあった。とにかく軍部が国策へ横槍を入れるのを防ごうというのであった。しかしこの内閣に、政友会などは非協力を公言して議会では冷たい態度に終始した。

岡田が在任したのは、昭和九年（一九三四）七月から二・二六事件直後の昭和十一年（一九三六）三月までの一年八カ月に過ぎなかったが、ファシズム体制がより広範囲に広がった期間とも重なった。

いくつかの例を挙げると、軍部や民間右翼、それに国粋主義の学者や政治家が先頭に立って、美濃部達吉（元東京帝国大学教授、貴族院議員）の学説であり、学問的には主流を占めていた天皇機関説の排撃運動を起こした。理由は、この学説が国体に反するというのであった。そして国体明徴運動を進め、いささか狂信的な方向に日本社会を進めるに至った。同時に陸軍内部では、いわゆる皇道派と称する派閥が主流となり、天皇主権説、天皇親政を唱えた。

こういう日本ファシズムの動きに、岡田内閣は充分に対応できなかった。加えて昭和九年十二月には前内閣の引き継ぎとして、ワシントン海軍軍縮条約とそれを追認する形のロンドン軍縮条約の破棄を国際社会に伝え、その孤立ぶりは一層際立つことになった。実際にロンドン海軍軍縮会議からの脱退は、昭和十一年一月であった。岡田内閣はこうした日本社会の変容を踏まえて、二月に衆議院の総選挙を行った。その時に国民に訴えた内容が、ここに収めた録音である。

岡田啓介（首相、海軍、昭和十一年二月）

私は内閣総理大臣岡田啓介であります。去る一月二十一日、衆議院が解散を命ぜられましたので、帝国憲法の定むるところに従い、来る二月二十日、衆議院議員総選挙が行われることとなりました。

最近、数年来の我が国内外の難局は、上御一人の大御稜威のもとに、国民一致の努力によりましてよくこれを克服してきたのでありますが、過般、海軍軍縮会議において我が公正妥当なる主張が容れられず、ついに会議を脱退いたしましたことでもあ

り、私は今日以後においてこそ、一層国をあげ力を合わせて、いよいよ庶政を振作(しんさく)し、国民生活を安定し、ますます大義を顕揚(けんよう)して、世界における帝国の使命を遂行しなければならん最も大切な時であると信じます。

今回の総選挙において、私は帝国現下の重大使命を自覚し、一意君国に奉ぜんとする市井有為(しせいうい)の人材が、国民の与望をになって選出せられ、よってもって政界が浄化せられんことを衷心(ちゅうしん)より祈願するものであります。

短い内容なのだが、岡田首相の苦衷が盛り込まれている点が興味深い。あえて一点指摘しておくと、最後の「一意君国に奉ぜんとする市井有為の人材」によって、「政界が浄化せられんことを衷心より祈願」という部分である。

岡田は何を言わんとしたのか。普通選挙が始まったとはいえ、選挙の実態はそれまでの制限選挙時代の買収などの腐敗現象が一般的であり、それを正したいという意図があった。しかしこれは一見正当な主張に見えるが、選挙運動を国の管理下において選挙自体を形骸化しようという狙いが官僚や軍部にあったということを意味する。岡田のこの言葉は冷めた歴史観で見ておく必要がある。

岡田は慶応四年（一八六八）に福井藩士の子息として生まれ、海軍兵学校、海軍大学校に進み、海軍内部の主要コースを歩んだ。日露戦争では、日本海海戦に参加している。大正期に入ってからは海軍省の官僚として実務を担い、昭和に入っては海相にも就任している。その後は海軍の長老の立場から軍縮を目指す条約派の顧問的存在として、軍備の拡大には消極的な側に立っていた。そのためもあり、二・二六事件では、首相官邸で青年将校に狙われるが、殺害をまぬがれている。

広田弘毅——ドイツとの間の防共協定締結

広田弘毅（こうき）は、昭和十年代のもっとも困難な時期に首相に担ぎ出された外交官である。二・二六事件の後に首相になることは、必然的に軍部の傀儡（かいらい）になるか、それとも反軍部の側に立って差配するか、そのいずれかしか道はない。広田は前者の道を歩み、結果的に戦後の国際軍事裁判（東京裁判）の被告席に座らされた。そして死刑の判決を受けている。

被告席の広田は一切の弁解を行わなかった。その態度を評価する者と批判する者とが半ばしている感がするが、歴史的に見れば広田は弁明した者より不利な状況に置かれたことは否めない。

広田内閣は、昭和十一年（一九三六）三月から昭和十二年（一九三七）一月までのわずか十一カ月の在任期間であった。しかしこの期間に軍部の強引な申し入れをほぼ受け入れたと見られたのが、死刑に繋がったといっていいだろう。

この録音は昭和十二年一月に完成したばかりの現在の国会議事堂での演説である。この演説から間もなく、広田は辞職している。つまり広田が辞職する直前の演説内容である。むろんこの時は、辞職は想定していなかったであろうが、事態は意外に早く動いたといってよい。

この演説の内容について触れておくならば、主要点はドイツとの間で防共協定を結ぶことを伝えていることである。ソ連共産党のコミンテルンによる共産主義運動の浸透に対して、ドイツと共に手を結び、浸透阻止を掲げていくというのであった。

それとは別にソ連とは従来通りの関係を守っていくといい、アメリカ、イギリスなどとの関係もより深く密な関係を築いていきたいとも演説している。有力国とはより一層その関係の調整を図っていきたいというのが、演説の骨子だといってもよいであろう。

外交官出身の首相らしく外交関係についての話を語らせれば、機嫌がいいということも

1937年1月21日、この広田弘毅首相の演説が行われた第70帝国議会の衆議院本会議中に政友会の浜田国松代議士と寺内寿一陸相との間で、いわゆる「腹切り問答」が勃発。このやりとりがもとで広田内閣は総辞職した。壇上後ろ向きが浜田代議士、大臣席の右端が広田首相、その左が寺内陸相(提供:朝日新聞社)

透けて見えると言えるかもしれない。

広田弘毅（首相、昭和十二年一月）

本日、この新議事堂において政府の所信を披瀝し、諸君と共に皇猷輔翼の重責をつくし、国運の進暢を図りますることは、私の最も光栄とするところであります。

帝国は正を執り、邪を斥け、万邦協和、共存共栄、もって世界の恒久的平和確立に寄与することをその使命と致すのであります。皇室の御稜威と国民の励精努力とにより、国力はいよいよ充実し、国際的地位はますます向上して、あらゆる方面において躍進を続け、我が高遠なる使命達成に向かって進みつつあることは、まことに御同慶にたえぬところであります。

しかしながら、つらつら帝国内外の情勢をかんがえまするに、一方国内的には思想、国防、産業、経済、財政、教育その他幾多の問題を控え、他方世界の現状は混沌たる状態にあり、帝国をめぐる国際政局はいよいよ機微を加え、各種の対外間題はますます複雑化しつつある状況でありまして、帝国の前途には幾多の難関あるを覚悟せねばならぬと存するのであります。

帝国外交の方針は、前述致しましたる帝国の使命にのっとり、終始一貫かわらざるところであります。政府は右根本方針に基づき、満洲国との特殊不可分の関係をますます強化して、東亜の安定勢力たるの地位を確保し、また、東亜永遠の平和を維持するの大局的見地より、日支両国の国交を調整するの肝要なるを信じ、善隣協調和親の実を挙げんと努力しつつあるのであります。

帝国政府は我が尊厳なる国体にもとり、かつ人類の福祉を害する共産主義的活動に対しては、厳重なる取り締まりをなし来ったのでありますが、いわゆる「コミンテルン」の危険性は近来ますます増大の兆候あり、その国際的赤化宣伝工作は、いよいよ巧妙深刻となりつつある情勢にかんがみまして、国際的協力による防衛の必要を痛感し、今回まず対コミンテルン関係において、我が国と立場を同じくするドイツとの間に、防共協定の締結を見るに至ったのであります。

帝国政府としては日ソ関係の調整は依然これを重視し、大いに努力致しております

し、また対英、対米の親善関係もますます敦厚(とんこう)ならしむるの決意を有する次第でありまして、国際信義に立脚し、列国との交誼をあつくするは言をまたざるところであります。

このころの広田は外務省の長老格で、前任の岡田啓介内閣、その前の斎藤実内閣でも外相を務めていた。斎藤内閣の外相の前はソ連大使を務め、外務省の方針を常にバランスの取れた枠内に収めようとしていた。実際に斎藤、岡田内閣の時代は、アメリカとの友好に勤める外交専門家でもあったのだ。それだけに首相の時代は、軍部にいいように利用された感が強い。利用された重要点を挙げておこう。以下の三点である。

①組閣にあたり閣僚に自由主義者を入れるなとの申し入れを受け入れたこと。
②軍事予算の膨張拡大を容認したこと。
③陸海軍大臣現役武官制の復活を認めたこと。

この三点は軍事独裁の有力な武器になった。そのことを自覚しておかなければならない。結局、広田は昭和十一年（一九三六）八月に軍部の要求を入れ、「国策の基準」を定めている。軍事主導による対外政策の容認など、のちの太平洋戦争への伏線になるような政策の全面的な肯定であった。こうした軍部寄りの政策への傾斜の背景には、広田が明治十一年（一八七八）に現在の福岡市で生まれ、東京帝大を卒業して外交官として育っていく過程で、頭山満（とうやまみつる）などの右翼団体、玄洋社との関わりがあったからとの説も語られている。

広田は東京裁判で判決を受け絞首刑となった七人のうち、ただ一人の文官として刑が執行されている。

林銑十郎――二大政党に反省を求む

昭和史にあって、二・二六事件以降の首相は総じてその任を果たすのにふさわしい人物とは言えなかった。むろん相応の見識、手腕、それに政治家としての資質を持つ者もいないわけではないが、陸軍の新統制派ともいうべき軍内の政治将校が何かと閣僚人事や首相の任命に口を挟んでくる時代になっていた。それゆえに陸軍の軍事政策に好都合の人物が首相に推されることになった。林銑十郎（せんじゅうろう）はまさにそのような首相であった。

林は明治九年（一八七六）一月に金沢の旧藩士の子として生まれ、陸軍士官学校を卒業して隊付け勤務を経て陸軍大学校を卒業している。明治三十六年（一九〇三）のことである。そのために日露戦争に参加している。昭和に入っては軍の長老とされた世代である。

いわば順調に栄達を遂げた林なのだが、昭和五年（一九三〇）十二月に朝鮮軍司令官に転じ、満洲事変時には全くの独断で関東軍支援に満洲に兵力を送っている。大権の干犯である。本来なら軍人としては、失格である。しかし、「越境将軍」として評されて、特にその罪は問われなかった。

その後、教育総監になり、当初は皇道派の指導者と見られていたが、昭和九年（一九三四）一月に陸相に就任すると統制派に近づいて、皇道派頭目の真崎甚三郎とは距離を置いた。そして、統制派とも距離を置くようになり、中立の立場をとる。それが二・二六事件後の首相になった理由でもあった。

昭和十二年（一九三六）二月二日に首相となると、議会と円滑な関係を持つことができず、議会人の反省を求めるとして衆議院を解散している。政党を排除する考えが強く、その意味では陸軍の硬直した考えを捨てようとしなかった。特に「祭政一致」を説くなど、あまりにも復古的な体質も露わにして、各方面から反発を買った。本人は議会政治を超える思想的境地を模索したつもりであったのだろう。

林銑十郎（首相、陸軍、昭和十二年三月）

私はここに、この度行われんとする総選挙にあたり、解散の因と我々の信念を述べて、国民の覚悟について所信の一端を申し述べたいと存じます。

私は大命を拝して組閣早々議会に臨んだのでありますが、今日の非常時局にかんがみ、朝野（ちょうや）一致、和中協力を衷心より深く念願し、これを自己の信念として努力してまいったのであります。しかして、議会に提出せられたる諸法律案は、予算案をはじめ、今日の時局にかんがみ、最も重要と認められる諸法律案でありましたので、政府はできうるかぎり誠意と努力を尽くしてその協賛を求めたのであります。

会期の尽きるに及んでも、なお予算案はいまだ議会を通過せず、その他、重要法律案は停滞してはかどりませんので、これら諸案の円満なる通過を図るため、政府は三月末までという前例にもない会期の延長を奏請し、最大の誠意を披瀝して議案の進捗を乞い願ったのであります。政府は最後まで誠意をもって議会の協力を求めたことは、これによってもご了解くださることと存じます。

しかるに、衆議院における審議ぶりにおいては、とかく誠意の認め難きものが少なくなかったのみならず、ことにその貴重なるべき延長後の会期においては、ことさらに、あるいは開会を遅延し、あるいは流会にいたらしむる等、全く議案審議に対する誠意を欠き、現下内外の情勢に対処して審議をなすべき幾多の重要法案の進行を阻害し、延長せられたる会期もまさに尽きんとして、しかも、両院通過の法案はようやく提出案の半ばを越したるにすぎず、ついにはきわめて身勝手なる衆議院議員選挙法中改正法律案を提出し、これに対し政府の同意を強要して、院に停滞せる政府選出の重要なる法律案の進捗の代償たらしめんとするものなるやの印象を与えて、世人をして顰蹙せしむるがごとき行動に出ずるにいたったのであります。

かくのごとき衆議院の態度は、断じて真にこの時局を認識し、立憲の皇猷翼賛のまことを生かせるものにあらざることは明白であると思います。私はかねて院内における論議の状況をつぶさに目撃し、密かに我が欽定憲法に基づく憲政の健全なる発達がため深く憂慮しておったのでありますが、事ここにいたっては到底今日の難局の打開をともに期し難きものがあると認め、ここに重大決意をなすに至ったのであります。

ここに取り上げたのは、総選挙にあたっての林首相の演説である。議会の協力がないと言いつつ、政党の態度は難局を乗り切る姿勢に欠けていると、強く批判しているのが特徴である。総選挙の結果、野党側（民政党・政友会）が圧倒的な議席数を確保して、議会運営も曖昧な林内閣は総辞職している。軍部の中堅将校、気鋭の政治家などからは全く相手にされなかったのである。

特に見るべきもののない首相だが、この演説は軍事代表者側から見るとなおのことその感がする。その意味では首相としては、失格だったと断じていいように思う。

近衛文麿——国民政府を対手とせざるの方針

林銑十郎内閣の総辞職の後、首相の座についたのは公爵の近衛文麿である。近衛は当時、

1937年7月、第71回特別議会の衆議院予算総会で、盧溝橋事件について答弁する近衛文麿首相（提供：朝日新聞社）

天皇への首相の推薦を担う元老の西園寺公望から、最も期待されていた天皇側近の家柄である。西園寺も天皇も、最終的には近衛を担ぎ出して、軍部を抑えるのが有効であると考えていた。軍事が幅を利かせている状態を何としても打破したいと考えていたのである。

近衛に対する期待は、国民の中にもあった。まだ四十六歳の若さ、皇族に次ぐ名門の家柄、外見は日本人には珍しい長身で学識も豊かであり、鬱屈した世相の中で、近衛の存在は国民の期待を集めるのには充分であった。

近衛も西園寺や天皇の期待に応えるべく意欲的であった。昭和十二年（一九三七）六月四日に第一次近衛内閣は成立した。議会では政友会も民政党も協力体制をくみ、確かに挙国一致内閣であった。実際に近衛はこのような挙国体制のもと、新時代に沿うような新しい感覚で政治に取り組むことを国民へのメッセージでも明らかにした。

しかし内閣誕生からほぼ一カ月後（七月七日）に起こった盧溝橋事件をきっかけに、日本と中国の関係はより悪化していった。近衛内閣は不拡大の方針をとったにもかかわらず、軍部は拡大の方針のもと、中国への派兵を次から次へと決めていく。近衛内閣の杉山元陸相は、近衛の方針を無視して、様々な理由をつけて軍事機構を戦争状態にと進めていき、近衛も次第にその強硬方針に引きずられる形になっていった。歴史上では、近衛の性格の弱さといった見方がされるが、事実は軍部のゴリ押しによる政治への抑圧であった。

結局、近衛内閣は昭和十二年八月十七日の閣議で、不拡大方針から戦時体制への移行を認めるといった方針に変わった。この年の十一月からはドイツの駐華大使のトラウトマンによる和平工作もあったが、日本軍が南京を陥落させると、和平条件を引き上げていき、この工作は沙汰止みになった。これ以降、泥沼の日中戦争に日本は入っていくことになった。

ここに紹介する近衛声明は、「爾後国民政府を対手とせず」との方針をすでに明らかにしたが、さらにそれを補完した議会での演説である。

近衛文麿（首相、公家、昭和十三年一月）

日満支の鞏固なる提携を枢軸として、東亜永遠の平和を確立し、もって世界の平和に貢献せんとするは帝国不動の国策であり、先般無反省なる支那国民政府に対し、断乎これを対手とせざるの方針を採るに至りましたのも、はたまた列国との友好関係の増進に不断の努力を怠らざるも、共にこの国策の命ずるところであります。

今や政府は帝国と真に提携するにたる新興支那政権の成立、発展を期待し、これと両国国交を調整致しまして、更生新支那の建設に協力し、よってもって東亜長久平和の基礎を確立せんとするものであります。もちろん帝国が支那の領土ならびに主権及び支那における列国の正当なる権益を尊重するの方針には、毫も変わるところはないのであります。

思うに東亜の安定勢力たる帝国の使命はいよいよ大にして、その責任はますます重きを加うるに至れるものと言わねばなりませぬ。この使命を果たし、この任務を尽くすためには、今後といえども多大の犠牲を払うの決意を要するはもとよりであります。

しかも今日においてこの決意を為すにあらざれば、結局不幸を将来にのこすものであります。したがって現代の我々がその犠牲を忍ぶということは、正に我々が後代同胞に対する崇高な義務であることを信ずるものであります。

政府はかくのごとき見解に基づき、全力を挙げて支那事変に対処し、その目的の達成に邁進せんとするものであります。これが為には物心両様にわたり国家総動員態勢の完成を図り、これに必要なる諸般の施策の実現を期するものであります。

政府はこの方針によりまして、まず軍備の充実と国費の調達とに違算なからしむることが極めて緊要なるを信じ、財政経済いずれの方面におきましても、此処に重点を置くことといたしたのであります。

ここで近衛は、軍事と並行しての政治工作について語っている。蒋介石政権に代わっ

て新しい政権を打ち立て、日本、満洲、新中国の新秩序建設を呼びかけている。声明の根幹には、中国の態度が無反省であるというように、日本の意向（特に軍部の主張）を絶対視しての敵対意識が明確になっていることがよくわかる。「暴支膺懲」という姿勢は、本来の近衛の思想ではなかったが、軍部にここまで追い込まれていると理解することも可能である。

しかし中国は、蔣介石政府と共産党の国共合作による抗日戦争へと進んでいった。日中戦争は長期戦争へと突き進むことになる。国家総動員体制に移行し、日本社会は戦時色を強めていくのである。日本も中国も国力の総意を上げての戦いとなっていった。

こうして第一次近衛内閣は手詰まりの状態になったのと、軍部の専横的態度に政権を握る意欲を失っていき、昭和十四年（一九三九）一月四日に総辞職している。第一次近衛内閣はあっさりと崩壊したのである。

平沼騏一郎——支那事変に対処すべき方針は確固不動

平沼騏一郎が首相の座についたのは、第一次近衛内閣が総辞職した後を継いでである。平沼が首相に推されたのは、近衛が自分の後は枢密院議長の平沼がふさわしいと各方面に働きかけ、そして平沼自身をも説得したためである。この内閣は昭和十四年（一九三九）の一月から八月までの、わずか七カ月しか続かなかった。解決すべき諸問題に適切な対応ができなかったからということも言えるであろう。

平沼は司法界を動かしている大物で、その思想傾向も典型的な国家主義者であり、明治二十一年（一八八八）に帝国大学法科大学を卒業して以来、一貫して判事、検事畑を進んでいる。明治三十八年（一九〇五）には大審院検事になっている。幸徳秋水らの大逆事件などの取り調べで有名となり、特に左翼思想を徹底して押さえ込んだ検事でもあった。そのほかシーメンス事件（海軍の戦艦発注に伴う英国、ドイツなどからの賄賂事件）など歴史に残る事件も担当している。大正十二年（一九二三）には山本権兵衛内閣の司法大臣に就任している。

大正期から昭和初期にかけて、左翼勢力の勃興に対して危機意識を持ち、国本社を主催して皇道精神の高揚に努めている。昭和期にはそういう体質を元老の西園寺公望に嫌われて、ファッショ勢力の総帥と見られていた。

その反面、軍部の皇道派などには好感を持たれていた。近衛には、自らの後は軍部に受けのよい平沼に政治を託した方が好都合との判断があったと思われるのである。西園寺は近衛の言も入れての首相への推挙になったと思われるが、一方で昭和初期のまだ大正デモクラシーの空気が残っている時代から十年もしないうちに、穏健派の西園寺が国粋主義的な平沼を推さなければならない時代背景もあった。

ここに紹介するのは、平沼が組閣を終えて国民に向けてのラジオ放送で、その所信を述べた内容である。日中戦争に邁進することのみを力説している。そのことのみがこの内閣の重要な役割だというのであろう。近衛が投げ出した後を引き受けるという意味も持たされている。

平沼騏一郎（首相、昭和十四年一月）

支那事変はすでに第三年を迎え着々戦果を収めて、今や新しい段階に入りました。これひとえに御稜威（みいつ）のもと、忠勇なる将兵諸氏の奮闘と、銃後国民の熱誠によるものでありまして、まことに感激のほかありません。

ことに、長期にわたり各地に転戦、幾多の艱難を克服し、しかも、連勝を重ねつつある我が将兵の方々に対しましては、心より感謝いたすと共に、護国の英霊に対しましては深く哀悼の意を表するしだいであります。

支那事変に対処すべき帝国の方針は、畏くも聖断を仰ぎ奉りました確固不動のものが存するのであります。先の内閣はこれに基づいて諸般の施策を進めたのでありますが、新内閣におきましても、もちろんこの不動の方針に基づきまして、あくまで所期の目的達成に一路邁進するのみであります。

もとより、時局の前途はいよいよ多難なるべきことは察するにかたくないのでありますが、この難局を打開し、光明ある前途を開きまするためには、国家のすべての力をこの目的貫徹に集中すべきは言を待たざるところであります。

しかし平沼内閣にはいくつもの問題が突きつけられた。共産主義に対抗するための日独伊の防共協定を三国同盟に格上げする問題は、ソ連だけではなく米、英とも対立する軍事同盟になる恐れがあった。さらにノモンハンでのソ連軍との軍事衝突など、複雑な絡み合

いをどう処理するかといった問題があった。

昭和十四年（一九三九）八月、ドイツとソ連は突然不可侵条約を結んだ。ドイツ外交の日本への背信行為でもあった。平沼は対応すべき論理構築も行動も取れず、一言「ヨーロッパ情勢は複雑怪奇」という言を吐いて辞職した。

現実の政治情勢に対応する政治力を持っていないことを露呈しての辞職であった。いや、日本は国際社会では体よくあしらわれているという意味にもなったのである。

第四章　第二次世界大戦始まる

阿部信行——東亜新秩序の確立は不動の国策

昭和十四年（一九三九）八月三十日、平沼騏一郎内閣が八カ月ほどで退陣した後、陸軍大将の阿部信行（のぶゆき）が首相にと大命降下を受けて、内閣を組織した。

西園寺公望はこのころになると体調もすぐれず、日本社会に絶望的な感じを抱いていた。日中戦争は次第に日本の国力を超えた戦争になることが、指導者にも国民にもわかってきたのである。元はと言えば、盧溝橋事件から端を発しているのだが、軍事指導者の傲岸（ごうがん）な暴支一撃論が泥沼に入る理由とも言えた。内閣がくるくる変わるのも軍部の「聖戦完遂」という語に振り回されてのことであった。政治家の多くは、軍事指導者に戦争の処理を託する以外にないと思っていたのであろう。

実際に阿部内閣は「支那事変の処理」という政策目標を掲げた。しかし、組閣から二日後、ヨーロッパではナチスドイツがポーランドに進駐し、それに応じて英、仏がドイツに宣戦布告をするに至り第二次世界大戦が始まった。日本はこの事態にいかに対応するか、阿部内閣の最初の試練であった。

阿部首相はラジオ放送で、日本の進む道は「一路初心に邁進すること」であり、「東亜新秩序の確立」であると言い、そのほかの道はありえないことを国民に訴えている。それは、ヨーロッパの大戦には介入しない、という意味でもあった。

阿部信行（首相、陸軍、昭和十四年九月）

諸君、不肖私はこの度図らずも組閣の大命を拝しました。帝国が真に未曽有の重大時局に直面している時にあたり、浅才微力、私ごときがお受けすることはまことに恐懼おくところを知らないしだいであります。この上はただただ一身を挺してひたすら奉公の誠を尽くしたいと存じます。ここにラジオを通じて一言所信を述べ、全国民諸君のご協力を求めたいと思います。

諸君、今や世界の現状は、ますます複雑怪異、変転きわまりなく、世界においてきわめて重要なる国際的威信を有する帝国は、まさに毅然たる一大決心をもってこれに臨まねばならぬ時に際会しておるのであります。

しかしながら、これに処すべき道はただ一つ、すなわち、御稜威のもと、国民朝野の強力なる一致団結により、闊達自在、一路初心に邁進することであると固く信じて疑わんのであります。

ゆえに、それに対する帝国の方針は、かねて確固不抜のものがあり、これに伴う東亜新秩序の確立は、実に我が国不動の国策であり、これがために、必要なる国際環境の調節もまた現下の喫緊事であります。あらゆる方策は、すべてこの大使命遂行の目標に遡及せらるるのでなければならんと思います。

政府といたしましては、もとよりあくまで独自の立場を堅持し、いやしくも帝国の使命を理解し、協力を惜しまざる者に対しましてはこれと協力し、その交わりを導きて、共に世界平和の確立、人類文化の進歩に貢献せんことを希うのであります。

しかしながら、いやしくも帝国の使命達成を妨げ、帝国の進路を阻まんとするがごときものがありますならば、断固たる決意をもってこれに対処するの覚悟はこれを持っておるのであります。

このラジオ放送は、国民を安心させようとの意味も含んでいたのであろう。阿部首相

は、自分も毅然とした態度で政務に向き合うと、その信念を明かしている。日中戦争をどのように片付けるのか、確かに考えていたのであろう。しかし、その方向は日本が政治的、軍事的に勝利するというのが前提になっていることも明らかである。こうした方針を具体的に進めていくのには、陸軍の協力が必要であった。

一方で、阿部首相は自らの足場を固めるために、政党と円滑に議会運営をしなければならなかった。日中戦争によって、国民の生活は耐乏生活一色になり、不満も高まっていく。阿部内閣の政治姿勢は、軍部、議会、そして国民、その三者のいずれにも歓迎されなかった。つまり国内政治は、聖戦完遂というスローガンに国力の不統一を見抜くようになったのである。

陸軍から出ている内閣であるにもかかわらず、軍事指導者はそっぽを向く有様であった。そのことは軍部に対して、議会や国民が必ずしも好意を持っているわけではないことを示していた。四カ月で、この内閣は動きが取れずに辞職する事態になった。どこからも支持が得られない支持基盤のない内閣であった。

斎藤隆夫――羊の正義は狼の前には三文の値打ちもない

斎藤隆夫は、昭和前期で最も気骨のある政治家であった。特に昭和十年代の軍事主導時代に真っ向から批判を続けた政治家であった。ほとんどの政治家が軍事的暴力の前に沈黙、あるいは抵抗の姿勢を失ったのだが、斎藤は暴力、弾圧も恐れなかった。

その斎藤が、昭和十五年（一九四〇）二月に行った「反軍演説」がここに紹介するものである。歴史的に貴重な内容で、今に至るも軍部批判の本質を示し、議会政治の擁護を説いた例として模範とされる演説でもある。

斎藤は明治三年（一八七〇）八月に但馬国（現在の兵庫県）の出石郡で生まれた。小学校時代は家の農業を手伝っていたが、漢学者について漢学を徹底して学んだ。二十一歳の時に東京に出てきて、ある官僚のもとで書生になり、東京専門学校（現在の早稲田大学）で学ぶ。その後、弁護士になり積極的な活動をしている。学びと行動を一体化させた人物である。三十二歳の時にアメリカに留学、イェール大学で学んだ。病のために二年余で勉学を断念、日本にもどり、弁護士業を再開した。

明治四十五年（一九一二）に立憲国民党から立候補して当選、政治家の道を歩むことになった。ここまでの斎藤の道は、弁護士、政治家として近代日本では決して珍しくはなかった。ただ斎藤は、アメリカでの留学体験から民主主義を根幹から支えるのは議会政治だとの確信を持った。所属政党はいくつか変わったが、その信念だけは揺るぎのないものであった。政治家として、議会での演説や自らの所信を明らかにすることを第一義ともしていた。

斎藤が初めて議会で演説を行ったのは大正六年（一九一七）の第三十九議会であったという。この場合の演説とは国務大臣への質問という意味でもあったが、斎藤は雄弁で、わかりやすい表現で政府与党を追求するので、政治家の間にも斎藤の演説は評判がよかった。斎藤自身、質問演説にあたって徹底して原稿を推敲（すいこう）するためにその演説には風格が生まれているとも言われた。大正時代にも斎藤の演説には歴史的に重きをなしているものがいくつかあった（例えば、大正五年の人権保護法案への賛成討論など）。

昭和に入ってからは、議会政治の擁護、軍事主導体制への批判、国民生活の擁護などの政治姿勢を明確にして、議会人の誇りを守ることに専念した。今回紹介する昭和十五年二月二日の、いわゆる「反軍演説」は、斎藤の渾身（こんしん）の原稿であり、政治演説であった。

斎藤隆夫（立憲民政党、昭和十五年二月）

実にこの度の事変は、名は事変（「日中戦争」のこと、当時は「支那事変」と呼ばれた）と称するけれども、その実は戦いであります。戦争であります。しかも建国以来、未だかつて経験せざるところの大戦争でありまして、したがって、その犠牲の大なると共に、その戦果に至っても、また実に驚くべきものがある。

昨日もこの議場において陸軍大臣のお話がありました通り、今日の現状をもって見ますするならば、我が軍の占領地域は実に日本全土の二倍以上に跨(また)がっているのでありまます。しこうしてこれらの占領はいかにして為されたものであるか。いずれも忠勇義烈なる我が皇軍死闘の結果である。すなわちこれがためには、十万の将兵は戦場に屍(しかばね)を埋(うず)めているでありましょう。それに幾倍する数十万の将兵は、いたましき戦傷に苦しんでいるのであります。百万の皇軍は今なお戦場に留まってあらゆる苦難と闘っているに相違ない。

かくして得られたるところのこの戦果、かくして現れたるところのこの事実、これを眼中に置かずしては、何人といえども事変処理を論ずる資格はないのであります。米内（光政）首相は事変処理については、すでに確固不動の方針を定められているが、かく声明せられているのでありまするが、その方針とは何であるか、所謂「近衛声明」なるものであるに相違ない。すなわち一昨年十二月二十二日に発表せられたところの近衛声明、これが事変処理に関する不動の方針であることは、これは申すまでもないことであります。

ところが私は、元来この近衛声明なるものに向かっては、いささか疑いを抱いているのであります。この際誤解を防ぐためにお断りをして置きます。きっぱりとお断りをして置きまするが、私は今にわかに近衛声明に反対をする者ではない。さりとて賛成をする者でもない。賛成をするかせんかは、政府の説明を聴いてしかるのちにおいて考えるつもりであります。

近衛声明の中にはどういうことが含まれているかと見ますると、だいたい五つの事柄が示されているのである。その第一は支那の独立主権を尊重するということである。第二は領土を要求しない、償金を要求しないということである。第三は経済関係については、日本は経済上の独占をやらないということである。第四は支那における第三国の権益については、これを制限せよというごときことを支那政府には要求しない。第五は防共地域であるところの内蒙付近を取り除くその他の現地域より日本軍を撤兵するということであります。この五つが近衛声明に含まれているところの要項であります。

これにおいて私は政府に向かってお尋ねをするのである。支那事変処理の範囲と内容はいかなるものであるか。重ねて申しまするが、支那の独立主権は完全に尊重する、支那の独立主権を完全に尊重する以上は、将来支那の内外政治に向かってはかりそめにも干渉がましきことはできない。もし干渉がましきことを為したならば、支那の独立主権は立ち所に侵害せられるのである。

領土は取らない。償金は取らない。これまで我が国の朝野の政治家は国民の前に何と叫んでおったか。この度の支那事変は、支那における欧米列国の、支那より欧米列国の勢力を駆逐する、欧米列国の植民地状態、第三国から搾取(さくしゅ)せられておったところの支那を解放して、これを支那人の手に戻すのであると叫んでおったのであります

が、これは近衛声明とは全然矛盾するところの一場の空言であったということに相成るのであります。その他占領地域より日本軍全部を撤兵するというが、残るところに何があるか、それは私にはどうもわからないのであります。

過去二年有半の長きにわたって、内には全国民の後援の下に、外においては我が皇軍は悪戦苦闘して進軍致しましたところのこの占領地域より、日本軍全部を撤退するということである。これが近衛声明の趣旨でありますが、政府はこの趣旨をそのまま実行するつもりでありますか。これを私が聞きたいのであります。

演説の背景を説明すると、陸軍は一方的に日中戦争を始めて、それを「聖戦」と称し、一気に戦時体制に持っていく。国民は耐乏生活を強いられ、先行きのはっきりとした見通しも立たない。こんな状況で内閣ばかりが次々と変わるのだが、この時は米内光政内閣であった。陸軍の阿部信行首相を引き継いだのである。

米内は林銑十郎内閣、第一次近衛内閣、それに平沼騏一郎内閣で海相を務めたが、井上成美(しげよし)、山本五十六(いそろく)などと一貫して日独伊の三国同盟の動きに反対してきた。その米内内閣は、陸軍の権勢に歯止めをかける意味も持たされていた。

斎藤の反軍演説は、米内内閣誕生から初めての議会で行われた。斎藤は民政党を代表して演壇に立っている。民政党の幹部は、すでに二・二六事件後の議会で斎藤が軍部批判の演説（これは「粛軍演説」として有名である）を行っていたために、この時も斎藤の演説に神経を尖らせていた。しかし斎藤は持論を展開することに意を注いでいた。

今回の反軍演説では、日中戦争に歴代内閣はなんとか解決を目指してきたが、近衛内閣時代の声明もうまくいかず、戦争は長引く状態になっている。軍はそれを聖戦と称し、国民に多大の負担をかけている、国家百年の大計を誤ることがあってはならない、と説いている。軍部はこの戦争をどのように処理するのか、現状の「処理方針」は意味をなさないのではないかとも詰め寄っている。


私はこれより少し一歩を進めまして、私の議論を交えつつ政府の所信を聞いてみたい。政府においてはこういうことを言われるに相違ない。また歴代の政府も言うておる。何であるか。この度の戦争はこれまでの戦争よりか全く性質が違うのである。こ

の度の戦争に当たっては、政府はあくまでもいわゆる小乗的見地を離れて、大乗的の見地に立って、大所高所よりこの東亜の形勢を達観しておる。そうして何事も道義的基礎の上に立って国際正義を盾として、いわゆる八紘一宇(はっこういちう)の精神をもって東洋永遠の平和、ひいて世界の平和を確立するがために闘っているのである。ゆえに眼前の利益は少しも顧みるところではない。これがすなわち聖戦である。神聖なるところの戦いであるというゆえんである。かような考えを持っておられるのかわからないが、現に近衛声明の中には確かにこの意味が現れているのであります。

その言はまことに壮大であります。その理想は高遠であります。しかしながらかくのごとき高遠なる理想が、過去現在及び将来国家競争の実際と一致するものであるか否やということについては、退いて考えねばならぬのであります。いやしくも国家の運命を担うて立つ所の実際政治家たる者は、ただいたずらに理想に囚わるることなく、国家競争の現実に即して国策を立つるにあらざれば、国家の将来を誤ることがあるのであります。

世界の歴史は全く戦争の歴史であります。現在世界の歴史からして、戦争を取り除いたならば残る何物があるか。そうしてひと度戦争が起こりましたならば、もはや間

題は正邪曲直の争いではない。是非善悪の争いでもない。徹頭徹尾力の争いでありま
す。強弱の争いである。強者が弱者を制服する、これが戦争である。正義が不正義を
膺懲する、これが戦争という意味ではない。

先ほど申しました第一次ヨーロッパ戦争に当たりましても、ずいぶん正義争いが起
こったのであります。ドイツを中心とするところの同盟側、イキリスを中心とすると
ころの連合側、いずれも正義は我にありと叫んだのでありまするが、戦争の結果はど
うなったか。正義が勝って不正義が負けたのでありましょうか。そうではないのであ
りましょう。正義や不正義はどこかへ飛んでいってしまって、つまり同盟側の力が尽
き果てたからして投げ出したに過ぎないのである。

今回の戦争に当たりましても相変わらず正義論を闘わしておりますが、この正義論
の価値は知るべきのみであります。つまり力の伴わざるところの正義は弾丸なき大砲
と同じことである。羊の正義は狼の前には三文の値打ちもない。ヨーロッパの現状は
幾多の実例を我々の前に示しておるのであります。

かくのごとき事態でありますからして、国家競争は道理の競争ではない。正邪曲直
の競争でもない。徹頭徹尾力の競争である。世にそうでないという者があるならばそ

れは偽であります。偽善であります。我々は偽善を排斥する。あくまでも偽善を排斥して、もって国家競争の真髄を摑まねばならぬ。

国家競争の真髄は何であるか。曰く生存競争である。優勝劣敗である。適者生存である。適者すなわち強者の生存であります。強者が興って弱者が亡びる。過去数千年の歴史はそれである。未来永遠の歴史もまたそれでなくてはならんのであります。この歴史上の事実を基礎として、我々が国家競争に向かうに当たりましては、徹頭徹尾自国本位であらねばならぬ。自国の力を養成する、自国の力を強化する、これより外に国家の向かうべき途はないのであります。

彼のヨーロッパ欧米のキリスト教国、これを見ようではありませんか。彼等は内にあっては十字架の前に頭を下げておりまするけれども、ひと度国際問題に直面致しまするというと、キリストの信条も慈善博愛も蹴散らかしてしもうて、弱肉強食の修羅道に向かって猛進をする。これがすなわち人類の歴史であり、奪うことのできない現実であるのであります。

この現実を無視して、ただいたずらに聖戦の美名に隠れて、国民的犠牲を閑却し、曰く国際正義、曰く道義外交、曰く共存共栄、曰く世界の平和、かくのごとき雲を摑

1940年2月2日、斎藤隆夫代議士はこの演説内容が中国との戦争を批判したとして懲罰委員会にかけられた。写真は、自らの発言内容について議事録を開いて確かめる斎藤代議士(右。提供:朝日新聞社)

むような文字を列べ立てて、そうして千載一遇の機会を逸し、国家百年の大計を誤ることがありましたならば(後略)。

演説が終わった時には議場に拍手が起こっている。しかし議長は軍部の意向も入れ、いくつかの箇所は議事録に載せないことも明言している。軍部は斎藤が聖戦を冒瀆(ぼうとく)していると激昂(げきこう)し、斎藤の除名を要求するに至る。

この演説から一カ月後、軍部に協力的な代議士の音頭取りで、斎藤は議会から除名されている。除名に反対したのは十数名と言われるが、斎藤は自らの日記に「除名反対投票者」の名を書き残している。政友会の久原(くはら)（房之助(ふさのすけ)）派の五人、民政党の二人（うち一人は脱党して反対投票）である。斎藤には恩義に感じる同僚議員なのであろう。

斎藤は昭和十七年（一九四二）四月の翼賛選挙では、非推薦で立候補、軍部からの圧力を受けながらもトップ当選している。しかし太平洋戦争の期間、斎藤は議会でまったく発言を封じられていた。斎藤にとっては忍耐の日々であった。

近衛文麿①——大政を翼賛し奉らなければならない

第二次近衛文麿内閣は、昭和十五年（一九四〇）七月から昭和十六年（一九四一）七月までの内閣である。第二次内閣は外相の松岡洋右をやめさせるために、内閣の総辞職という形をとったもので、続いての第三次内閣は昭和十六年十月まで続いている。この時の内閣は、軍部の強硬派と近衛の対立が徐々に高まっていくプロセスにあり、近代日本の総決算の時という言い方もできるであろう。

近衛が第一次内閣を自ら辞職に追い込んだ理由は、自分には政権を支える足場がないことであった。天皇の信頼が厚いとか庶民の人気が高いというのは、実は政治的実権には結びつかないと知ったのである。

しかし、陸軍を軸にした日中戦争は自分が率いた第一次内閣時代に始まったのだから、それを解決したいとの意欲が再び湧いてきた。そこで、近衛は新党を作る、あるいは新体制の確立を持って時代を動かそうとして、再び首相の座についた。

ところがその心意気は当初から思惑はずれであった。国民に基盤を置く新体制組織という考え方は、ドイツのナチスによる大衆動員型の政治システムであった。これまでの政治のあり方は、政党とか軍部とか、あるいは天皇側近などいくつかのグループが政治の枠組みの一角を占めて、その利益を主張するものであった。そうではなく国民の声を反映する政治組織を創設し、その声をもとに政治を行うという狙いである。近衛はそういう思惑を込めて首相の座についたのである。

近衛文麿（首相、昭和十五年七月）

私は先に枢密院議長を拝辞いたしたのでありますが、これは世界のこの重大なる変局に対し、我が国におきましては、必ず国内体制の一新を図らなければならないと考えまして、微力をこれにいたさんと欲したるがためであります。けだし、国内に種々の意見が対立いたしまして互いに相争うということでありましては、力を外に専ら（もっぱ）にしえず、左顧右眄（さこうべん）して勇断の機会を失うからであります。

思うに、従来、政党の弊害は二つあります。その一つは、立党の趣旨におきまして、自由主義をとり、民主主義をとり、あるいは社会主義をとりまして、その根本の世界観、人生観がすでに我が国体と相容れないものがあるという点でありまして、これが今日急速に転開をいたし、抜本的に改正をしなければならないところであります。その二つは党派結成の主要なる目的を政権の争奪に置くことでありまして、かく

のごときは、立法府における大政翼賛の道では断じてないのであります。以上二つの弊害を去りまして、日本の本当の姿に立ち帰り、大御心を仰いで、一億一心真実のご奉公をしなければならないと思います。

しこうして、問題は単に政党のみにとどまりません。文部において、海陸において、朝野において、上下において、真に心を一つにして陛下の御教えのままに大政を翼賛し奉らなければならないのであります。すなわち、この新体制におきましては、億兆心を一にして大御心を奉戴し、もってこの歴史的なる世界の重大変局に対し、内外に山積する幾多の問題を、敏速に適切に解決しなければならないのであります。

「私の説く新体制とはどのようなものか」。近衛は首相就任時にラジオ放送で訴えている。それがこの録音である。

既存の政党にはそれぞれ立党の精神があるが、それが日本の国体には合わないと言い、結局、日本は大政翼賛でなければならないと言っている。ちょうどこの年は皇紀二千六百年に当たるというので、近衛としても自らのスローガンに納得がいったのであろう。この

1940年7月19日、第2次近衛文麿内閣の組閣3日前に近衛（左）の私邸に集まった松岡洋右・次期外相、吉田善吾・次期海相、東條英機・次期陸相（提供：朝日新聞社）

新体制運動は国民各層の様々な分野で組織化され、日本の現状を取り巻く諸問題に取り組んでいかなければならないと力説している。

しかし近衛のこの呼びかけは、政党や軍部、さらには様々な分野に波紋を呼んだ。近衛の新体制運動である大政翼賛会に、無産政党の社会大衆党が解党して加わることになったが、既存政党も我先にと自らの政党を解党して、大政翼賛会に傾(なだ)れ込んだ。「バスに乗り遅れるな」という声が合言葉になった。近衛の思惑とは異なって、まさに一国一党のファシズム体制の道へと突き進むことになった。国外政策では独伊との三国同盟の締結に走り、米英との対決姿勢があからさまになっていく。第二次近衛文麿内閣では、日中戦争のより一層の泥沼化によって、内外の情勢が極めて悪化していく状況になった。皮肉なことに、問題の解決をさらに厄介にしていくことになったのである。

近衛文麿②――三国相寄り合い、軍事同盟の威力を発揮せん

第二次近衛内閣では、思惑とは異なり一気にファシズム体制へと進んでいった。この理由は近衛首相の優柔不断な性格もあったであろうが、近衛を担いで自分たちの思う方向に引っ張っていこうとする軍部の計算もあった。

例えば第二次近衛内閣で陸相に就任した東條英機(とうじょうひでき)は、とにかく陸軍の権益しか頭にない軍人で、ことあるごとに近衛の穏健な意見に釘を刺した。かと思えば外相の松岡洋右は、自分がこの内閣を動かしているかのように振る舞い、近衛を出し抜いて政策の方向を一方的に話したりする有様であった。近衛は陸軍と外務省の二つの有力な責任者のゴリ押しによって閉口の日々に入っていく。

近衛の第二次内閣でもっとも大きい出来事は、対外政策では三国同盟の締結、国内政策では大政翼賛会の設立である。大政翼賛会についての近衛の声明はすでに見てきた通りだ

が、三国同盟の締結については、近衛はいかなる声明を発していたのか、その録音がこの内容である。

近衛文麿（首相、昭和十五年九月）

今回、政府は世界歴史の一大転換期に際し、畏くも天皇陛下の広大無辺なる聖旨を仰ぎ奉り、ドイツ及びイタリー（イタリア）と三国条約を締結し、世界恒久の平和と進歩とのため協力邁進するに決したのであります。

この時にあたり不肖内閣総理大臣の要職をかたじけのうし、顧みて責任のきわめて重大なるを痛感し、ここに全国民諸君にむかって素直に時局の真相を語り、諸君の一大発奮に訴えたいと思うのであります。

顧みれば、支那事変勃発以来、すでに三星霜、叡聖文武なる陛下の御稜威のもと、忠勇義烈なる陸海将兵の奮闘により、実に空前の戦果を収め得たのであります。しかしながら、この間、東亜をめぐる関係列国の動きはますます事変の性質を複雑にし、この解決を困難ならしめておるのであります。

窮極するに日支の紛争は世界旧体制のもとに起これる東亜の変態的内乱であって、これが解決は、世界旧秩序の根底に横たわる矛盾に、一大斧鉞を加うることによってのみ達成せられるのであります。すなわち、日本は眼前の支那事変を解決すると同時に全世界の紀元を更新すべき絶大の偉業に参画し、その重要なる役割を分担せねばならなくなったのであります。

活眼を開いて東亜と欧州の現状を見れば、日独伊三国は、実におのおのその持ち場において、旧秩序打開のために共通の努力を続けつつあるのであります。すなわち、ドイツ及びイタリーは欧州において新秩序を建設せんとしておるのであり、日本は、大東亜の地域において、アジア本来の姿に基づく新秩序の建設を期しつつあるのであります。

そもそも世界歴史の現段階において、直ちに世界を一単位とする組織の完成を期待することはできないのでありまして、世界の諸民族が数個の共存共栄圏を形成することは必然の勢いであります。しこうして、日本が東亜において、ドイツ、イタリーが欧州において、この共存共栄圏を指導すべき立場に立つことは、歴史上より見るも、

地理上より見るも、経済上よりも見るも、これまた必然の勢いである。

私はかかる必然の傾向を阻まんとするところに、欧州においては第一次大戦の勃発を見、東亜においては準戦時的国際関係の緊張を示すに至ったと思うのであります。

はたしてしからば、日本が独伊に協力し、独伊が日本に協力し、三国相寄り合い助けて、場合によっては軍事同盟の威力をも発揮せんとするに至れる、これまた必然の勢いであります。


いくつかの近衛らしい分析、解釈の部分も見えてくる。例えばこの声明の中頃に、日独伊の三国は「旧秩序打開のために共通の努力を続けつつある」と述べている。この考えは近衛が青年期から頭にこびりついている思想である。したがってこれらの国々が共存共栄圏のリーダー役を担うのは、これまた当然と喝破している。これらの三国が軍事同盟を結んで、その威力を発揮するのは当然だと言い放つのである。独にヒトラー、伊にムッソリーニ、そして近衛文麿、三国の指導者が米英では並べられて、憎き敵対国の指導者とされたが、確かに近衛はそういう意味の指導者として国際的には見られていたのであった。

この三国同盟が結ばれつつあった昭和十五年（一九四〇）九月に、日本軍はアジアの新秩序建設を目指し、当時フランス領であった北部インドシナへの進駐を進めている。独のヨーロッパでの軍事的優位を知っての一方的な行動であった。アメリカはこれに対して、日本への不信感を高めた。そこで近衛内閣はアメリカとの外交交渉で、事態を鎮静化させるべく躍起になった。こうしたアジア圏への日本軍の進出は、昭和十六年（一九四一）七月の南部仏領インドシナへと広がり、アメリカとは抜き差しならない関係になっていくのであった。

こうした歴史の経緯を確認していくと、日本の強引さが近衛時代の特徴だったことが裏付けられる。第二次近衛内閣の暴走という側面があったことを忘れてはいけないであろう。

松岡洋右――米国の態度をすこぶる遺憾とする者である

松岡洋右が第二次近衛内閣の外相に就任したのは、近衛がこの人物に関心を持ったためといわれた。近衛は、松岡に関して実行力のある人物と受け止めていた。自分が現状を大きく変えるには、ともかく実行力があり、それなりに社会変革を行うべき度胸のある人物が必要であるという尺度を持っていた。国際連盟脱退時の弁舌と行動力に期待をかけてということとであろう。

松岡はこの期待を自己流に解釈したと言えようか。自分が近衛を支えているとの錯覚、そして自分は大物という自己礼賛がすぐに表出してきた。これはよく知られた話だが、松岡は天皇の前になると饒舌になり、一方的に捲し立てることが多かった。天皇は呆れた表情で、松岡を見つめたというのである。天皇はそういう松岡にあまり好感を持たなかった。

近衛は第二次内閣でも、結局、日中戦争の和平の方向に舵を切ることはできなかった。それは松岡外相の独断を許したがゆえのことでもあった。松岡は、昭和十五年（一九四〇）九月のベルリンでの三国同盟の調印式に出席、ここに枢軸体制が確立して日本は米英との敵対関係に入る姿勢を明確にした。むろんこの枢軸側への近寄りは日本国内にも懸念の声があった。海軍の対米英協調派、外務省内部の伝統的な親英派、さらには宮中などの米英寄りのグループは、不快げに条約への不満や不信を口にしていた。松岡は陸軍の親独派などと共にこの体制の牽引役を担うことになった。

この録音は、昭和十六年（一九四一）一月の帝国議会での松岡外相の演説で、三国同盟に触れた部分である。この条約はいずれの国も敵視するのではないと言いつつ、あえて第三条を国民に説明している。ヨーロッパの戦争や日中戦争に参加していない第三国から攻撃を受けた場合は相互に援助する、との条文である。この第三国とは、アメリカを指す。つまり、日本は完全にアメリカと敵対関係に入ったという意味であった。

松岡洋右（外相、昭和十六年一月）

本条約において、独伊両国は、皇国が大東亜に新秩序を建設し、かつその圏内において、指導力を保有することを承認したのであります。皇国の志すところは、大東亜圏内における各民族をして、その本然固有の姿に立ち返らしめ、和衷協同、共存共栄、いわば、国際的に隣保互助の実を挙げ、もって世界大同の範を垂れんことを期するということに尽きるのであります。

また我が国は独伊両国のヨーロッパにおける同様の努力に関し、その指導的地位を認め、これを支援し、これに協力せんことを約したのであります。すなわち、三国同

盟条約は何国をも敵視せず、世界新秩序建設を目的とする強力なる提携であるのであります。

なお本条約について特に説明を加えておきたいと思いますことは、その第三条についてであります。すなわち、同条によれば「三締約国中いずれかの一国が現に欧州戦争または日支紛争に参入しおらざる一国に依りて攻撃せられたる時は、三国はあらゆる政治的、経済的および軍事的方法により相互に援助すべき」義務を負うていることは明白でありまして、いやしくもかかる攻撃を受けたる場合には、この規定による義務は当然に発生するのであります。

そして当然のことだが、この演説ではアメリカについても触れている。日本とアメリカは日中戦争の影響で、いささか険悪な関係に入っていた。アメリカからは日米通商条約の破棄、さらには北部仏印進駐に対する制裁を受けている。松岡はそうしたアメリカの態度を遺憾(いかん)としつつも、アメリカがヨーロッパの戦争に巻き込まれ、日本も参戦のほかなくなったら世界は未曽有の状態になるとも国民に伝えている。

米国は一昨年七月、日米通商条約廃棄の通告以来、逐次（ちくじ）我が国に対し、飛行機、武器、屑鉄、鉄製品、銅、ニッケル、その他の重要軍需資材の輸出を禁止もしくは制限し、また英国属領各地においては、我が国の海運に対し、種々の妨害を加えております。

これに対しては、我が方よりその都度（つど）抗議を提出しておるのでありますが、この傾向は最近ますます甚だしく、我が国としても十分なる用意をもってこれに処することが必要であります。ことに我が国はこの圧迫に堪（た）うる必要からしても、大東亜共栄圏において、自給自足の経済生活を確保し、高度国防国家体制の建設に邁進せざるをえないのであります。

この点に関連し、日米関係に言及致します。米国は日本の大東亜共栄圏建設が、我が国の死活的要求であることに対し、十分なる理解を示さんのであります。米国が一面自ら、東は中部太平洋を、西は独り東太平洋のみならず、他面さらに支那及び南洋をもって、その国防の第一線であるかのごとき態度をとり、日本の西太平洋支配をすら野心視して、これを非難するごとき口吻（こうふん）を洩らすに至っては、あまりにも身勝手なる言い分であり、そして、それは決して世界平和の増進に寄与するゆえんではありません。

率直に申せば、私は日米国交のために、太平洋上の平和のために、はたまた世界全般の平和のために、かかる米国の態度をすこぶる遺憾とする者であります。大国民たる米国民は、すべからくその世界平和に対して負うところの責任に目覚め、真に神を畏れる敬虔の念をもって、深く反省し、行きがかりのごときは大悟してこれを一掃し、現代文明の危機を打開するため、その力を用いんことを希望して止まないものであります。

現下世界政局の混乱は、なお当分鎮静の模様なきのみならず、次第によっては一層激化せんとする傾向にあります。今後、もし、米国が不幸にして欧州戦争に巻き込まれ、我が国もまた遂に参戦の余儀なきに立ち至るがごときことあらば、名実共に、真に戦慄すべき第二の世界大戦となり、容易に収拾すべからざる事態に立ち至るでありましょう。

こうした予想は的確に当たるのだが、三国同盟は本質的にはそのような危険性を持っていることを、松岡は知っていたのである。この演説は一月だが、松岡は三月から四月にか

1941年7月19日、第二次近衛内閣の総辞職にともない、外務省を退出する松岡洋右外相(提供:朝日新聞社)

けてベルリン、モスクワを訪れ、ヒトラーやスターリンと会って、日独伊に加えてソ連を含めての四カ国条約を企図していた。

しかしそのような計画は、松岡の妄想に過ぎなかった。松岡は、ヒトラーやスターリンと並び称される指導者と、自らの存在を誤解するようになった。日本に戻った時、近衛首相はアメリカとの交渉に入る準備が進んでおり、すでに日米諒解案もできあがっていた。松岡はこの対米交渉に激怒し、閣議にも出席しないほどの態度に出た。

そこで近衛は松岡を罷免する措置をとって、いったん総辞職という形を取り、他の閣僚は留任して、昭和十六年（一九四一）七月十八日、第三次近衛内閣を発足した。松岡は激怒するもいかんともしがたく、表舞台から去ることになった。

第五章 太平洋戦争、そして終戦

東條英機①――一億国民が国に報い国に殉ずるの時

次の演説は、歴史的な意味を持つもので、日本がなぜ太平洋戦争に踏み切ったのかを簡潔に説明している。東條英機首相は典型的な大日本帝国の軍人で、特に思想はなく、むろん優れた歴史観もなく、戦争という軍事の一断面のみに知識が偏在している首相とも言えた。そういう首相のもとで戦争が行われたことが、近代日本史の最大の不幸であったと言っていいであろう。

第三次近衛内閣が総辞職したのは昭和十六年（一九四一）十月のことだが、近衛がその職に留まるのに嫌気がさしたのは、対米開戦を主張する陸海軍の強硬派（特に陸軍。東條陸相はその旗頭）との対決が頂点に達したからであった。近衛が退陣した後の首相を誰にするか、重臣会議が開かれたが、ここで内大臣の木戸幸一は意外な人物の名を挙げた。それが東條英機であった。対米英戦を厭（いと）わない強硬派の東條に、昭和十六年九月六日の御前会議の決定（十月中旬までに対米交渉がまとまらなければ開戦に踏み切る）を白紙に戻すように命じて、内閣の組閣を託するというのであった。他の重臣たちは驚き、そして渋々と頷（うなず）いた。

木戸のこの案は、事前に天皇にも伝えていたと思われるのだが、天皇は東條に大命を命じる案に、「虎穴に入らずんば虎児を得ずだね」と呟いたとされる。確かに天皇に忠誠を誓う東條を首相にというのは意外であり、奇をてらった案だった。アメリカは、東條が首相になると聞いてひとまず臨戦態勢をとっている。日本は開戦に踏み切るのだなと分析したのである。東條を推挙することは国内事情から見れば対米戦回避の意図だとはわかるにしても、国際的にはそうは受け止められなかったのだ。

東條は明治十七年（一八八四）十二月に東京で生まれた。父親の英教も軍人で、成績優秀だったにもかかわらず薩長派閥から外れた出身地（盛岡藩）ゆえに中将時代に予備役に追い込まれている。英教はこの悔しさを東條に伝えていたためか、東條は藩閥に強い批判を持っていたという。加えて東條は、性格的に官僚型のタイプで、帝国軍人は天皇陛下に忠誠を誓う、そのことは下位のものは上位のものに服従することだと理解し、部下にもそれを要求した。

一度決断したことは二度と翻してはいけないと言い、常に強硬論を口にして人に威圧を加えるタイプでもあった。昭和十年代に急速に栄達の道を歩むのは、妥協を知らない、思想を持たないがゆえで、関東軍参謀長時代には部下の石原莞爾と口をきかないほど険悪であった。石原は、東條を村役場の係長程度の人物と評したこともあった。

東條は近衛に対して、戦争以外に道はないと強圧的に応答し、近衛をして「そんなに戦争がしたければしたいものたちでやればいい」と言わせたこともあった。近衛が東條の人間性に不快感を持ったことは周辺の人の証言に残されている。したがって第三次近衛内閣と東條内閣の間にまったく連続性がないのが、日本の悲劇であるとも言える。

東條内閣は確かに戦争政策を再点検したが、大本営の参謀や軍内の強硬派は全く言うことを聞かず（それは東條がそのように仕立て上げていたとも言えるのだが）、対米交渉でも常に強気の意向を示し続けた。アメリカ側は日本軍の中国からの撤退、南部仏印からの撤退、さらには三国同盟からの離脱などを要求してきた。こうした要求は、交渉の一段階とも言えたが、日本側はそうした段階を踏むような態度は取らず、日本の要求を認めなければ戦争という態度を崩さなかった。最終的にはハル・ノートを突きつけられ、日本は開戦の道を歩むことになった。

昭和十六年（一九四一）十二月八日の未明、日本海軍の機動部隊はハワイのアメリカ海軍の太平洋艦隊に不意打ちをかけた。これが戦争の始まりであった。日本は対米英蘭に宣戦布告を発した。ハワイへの奇襲攻撃は成功し、東條はまさに「救国の英雄」であるかのように讃えられた。

東條英機 （首相、陸軍、昭和十六年十二月）

ただ今、宣戦のご詔勅が渙発せられました。精鋭なる帝国陸軍海軍は今や決死の戦いを行いつつあります。

東亜全局の平和は、これを念願する帝国のあらゆる努力にもかかわらず、ついに決裂のやむなきに至ったのであります。過般来、政府はあらゆる手段を尽くし対米国交調整の成立に努力してまいりましたが、彼は従来の主張を一歩も譲らざるのみならず、かえって英・蘭・支と連合し、支那より我が陸海軍の無条件全面撤兵、南京政府の否認、日独伊三国条約の破棄を要求し、帝国の一方的譲歩を強要してまいりました。

これに対し帝国はあくまで平和的妥結の努力を続けてまいりましたが、米国はなんら反省の色を示さず今日に至りました。もし帝国にして彼らの強要に屈従せんか、帝国の権威を失墜し、支那事変の完遂を期し得ざるのみならず、ついには帝国の存立を

も危殆に陥ちいらしむる結果となるのであります。

事ここに至りましては、帝国は、現下の時局を打開し、自存自衛を全うするため、断乎として立ち上がるのやむなきに至ったのであります。

今、宣戦の大詔を拝しまして、恐懼感激に堪えません。私、不肖なりといえども、一身を捧げて決死奉公、ただただ宸襟を案じ奉らんとの念願のみであります。国民諸君もまたおのれが身を顧みず醜の御楯たるの光栄を同じくせらるるものと信ずるものであります。

およそ勝利の要訣は「必勝の信念」を堅持することであります。建国二千六百年、われらはいまだかつて戦いに敗れたことを知りません。帝国の隆替、東亜の興廃まさにこの一戦にあり。一億国民が一切をあげて国に報い国に殉ずるの時は今であります。八紘を宇となす皇謨のもとに、この尽忠報国の大精神があるかぎり、英米といえどもなんら恐るるに足らないのであります。


東條はこの演説の中で、アメリカの無反省を怒り、日本は「必勝の信念」で戦うといい、

1941年12月、太平洋戦争開戦直後に召集された第78帝国議会は16日の開院式終了後、貴族院と衆議院は即日議事に入った。写真は、満席の衆議院傍聴席（提供：朝日新聞社）

日本はこれまで戦いに敗れたことはないと自賛して、天皇のもとに帰依する精神があれば、「英米といえどもなんら恐るるに足らない」と豪語している。「必勝の信念」は東條の最も好む言葉であったが、それは国力の不足を補う表現でしかなかった。

一方で戦争の目的は、大東亜共栄圏の確立と言い、日本軍はマレー半島からフィリピンやインドネシアなど幅広く軍隊を送り込んでいる。昭和十六年、十七年の前半期はまさに日本軍は向かうところ敵なしという状態になった。緒戦の華々しい戦果は、しかし半年も持たなかった。やがて日本は国力の差に驚かされることになった。

この演説は絶頂期の得意な心理を表していると同時に、東條の歴史観の曖昧さも証明していると言っていいかもしれない。

中野正剛――東方会精神にのっとり、全国民の信頼にそわん

太平洋戦争は、昭和十六年（一九四一）十二月から二十年（一九四五）八月までの三年八カ月間も続いた。国力で圧倒的な差があるにしても、日本には並外れた天皇への忠誠心がある。この精神があれば決して負けないというのが東條をはじめとする軍事指導者の心理状態であった。したがって軍部の戦争指導は、大きく言えば二つのことに尽きていた。

ひとつは、「敗戦」という言葉やそれを意味する単語を使ってはならないというのである。それは戦争に反対するのと同じ意味だという。もうひとつは、「和平」や「講和」という語を用いてはならないということだ。つまり最後まで戦い抜く、そうすると必ず勝つというわけである。戦争末期、東條首相は「戦争というのは負けたと思った時が負けである。決して負けたと思うな」と説いた。不思議な論理である。いやしくも軍事指導者が口にすべきことではない。これでは国家滅亡に至っても負けたと思っていないのだから、永遠に敗戦はない。

こうした倒錯の論理が堂々とまかり通るのは確かに異常である。こういう時に少しでも冷静な論を吐く人物は極めて貴重である。しかし、だいたいは軍事指導者の言にゴマをする形で精神論をぶつのである。その中で独自な存在だったのが、東方同志会（選挙時には東方会）の中野正剛（せいごう）であった。その中野の意見がわかりやすく残されているのが、この昭和十七年（一九四二）四月の演説である。

中野正剛 （東方会、昭和十七年四月）

　われらの見るところでは、東條内閣は特に優渥なる大命を拝し、満天下の信頼を得て、あらゆる必勝の手段を講じうるべきものである。それゆえに議会のことなどは問題とせず、衆議院議員の任期もすでに一年延長した以上、この戦いに勝ち抜くまで、脇目もふらず猛進するだろうと思われたのであります。しかるに、政府は深く自ら期するところあるがごとく、大戦争遂行中に総選挙を敢行し、盛り上がる国民の熱誠を汲み上げんことを声明するに至った。

　それならば国家危難の時に当たりて、国民を警戒せずして、国民を信頼するものである。まさに我が国の伝統にふさわしき堂々たる行動である。ことに、東條内閣の国務大臣が政治のみが時勢に立ちおくれておると公々然揚言している点は、まさに三年前、自分が議会で問題を惹き起こした声明と、その調を同じうするものであります。

　この政治のみが時勢に立ちおくれているという言葉は、それは単に議会のみでなく、当局者をも含めたる政治全般が、世界を驚嘆せしめし少年航空兵の健気さに対して、甚だ恥ずべき存在であるという、最も謙遜なる告白であって欲しいのであります。政府が一大反省の下に、一大勇猛心を奮い起こして、銃後政治陣営の敵前整備を断行せんとすることは、最も本格的なる壮挙であります。ことに東條首相が、富貴も淫するあたわず、威武も屈するあたわざる積極有為の人材を要望するという言葉は、これをこのまま東方会同志に当てはめて、最も適切なるを感ずるものであります。

われらは現世依存的雰囲気が満天下を圧倒せる際に、時流に屈せず、弾圧を恐れず、むしろ一身の危難を冒し、敢然として初心に邁進したのである。今日に及びて言葉の上に英米依存を排撃するくらいならば、これは単なる時局便乗の軽薄才子といえども予期するところであります。

東方会は徹底的に国民運動を展開し、逐次に米英排撃、南進断行の国民大会を開催、刀折れ矢尽くるに及び、入場料を国民に徴収して、しかも、しばしば、数万の大衆を動員し得しことは、いわゆる積極有為の実績を衆目環視の中にかち得たものであります。

われらは実績によりて、東條内閣の要望するがごとき優良候補を、全部揃えうる自信を有するものである。しかるにこの際、翼賛政治体制協議会なるものが設立せられ、三十三名士によりて候補者を推薦することとなったようである。三十三名士諸君は、大東亜戦を断行せし東條内閣の性格と自己の経歴とに顧みて、その責任の重大なることを反省せねばならん。

われらはすでに無敵宣言を発表したる建前にかえりみ、必ずしもこれ等の諸名士を敵視するものではない。しかし、われらはかつて既成政党打破を主張し、かつまた阿部（信行）内閣が揚子江（長江）を解放せんとせし外交方針には真っ向から反対した生々しき歴史を有している。われらは東條内閣の聖戦完遂には絶対的支援を惜しまないが、阿部信行氏を中心とするこれら諸名士の推薦をおし戴くことは、われらの潔癖がこれを許さないのである。

明治天皇は、内外国難重積せる真最中に、五カ条の御誓文によりて立憲政治の前提をお定めになり、後に憲法発布の盛典に際しては、これ実に「皇祖皇宗ノ後裔ニ貽シタマエル統治ノ洪範ヲ紹述スルニ外ナラズ」と仰せられている。しからば万民翼賛は日本の国体精神である。我が日本国体においてわれらは上御一人の赤子である。東條内閣は、この日本国体精神に徹底し、この超非常時に当たり、憲法にのっとりて、議

員の公選を断行せんとしている。
われらは公選の精神を遵奉し、眼前の利害にまどいて、断じて東方会の性格を曖昧にすることを許さない。われらは、総選挙のために設けられたる既成の政治結社の推薦を項戴するよりは、東方会精神にのっとり、全国民の信頼にそわんことを切望するものである。

この演説は、翼賛選挙と言われた衆議院の総選挙時のもので、中野は東條内閣の戦争に踏み切る姿勢、そして今回の衆議院選挙を行うことに、賛意を示している。しかし、翼賛選挙の名の下に候補者として推薦してもらうような形の選挙には、「われらの潔癖がこれを許さない」と強い調子で述べている。我々はあくまでもこれまでの運動である東方会の精神（東亜解放）を目的に戦うとも述べている。思想的には国粋主義的であった。

東方会は中野を筆頭に四十九人の候補者を立てた。いずれも東條内閣とは一線を引く非推薦組であった。その点では筋が通っていた。しかし選挙運動では、東條内閣から徹底した弾圧を受けている。そのために当選者は七人にとどまった。

中野は明治十九年（一八八六）二月に福岡県に生まれ、早稲田で学び新聞記者になる。大正九年（一九二〇）に政治家に転じる。文筆と巧みな弁舌で政治家としての地位を固めていく。所属政党は憲政会、民政党などと変わるが、思想的には強い国粋主義的な色合いを持ち、昭和十年代には東方同志会を設立、ドイツ、イタリアを訪問して枢軸体制の首脳たちの政治体質に影響を受けている。

近衛の説く大政翼賛会などへも積極的に加わっている。当初は東條内閣にも支援（この演説はその例でもある）の態度であったが、戦争が進むのに比例して東條内閣の無思想ぶりに次第に批判を強めることになった。昭和十八年（一九四三）元日の朝日新聞に「戦時宰相論」を書き、東條政治に注文をつけた。東條は激怒し、逮捕理由もないのに子飼いの憲兵隊に逮捕させ、強引に社会と切り離す処置をとっている。憲兵隊の取り調べは極めて過酷で、中野の家族を徴兵すると脅かし、結局中野は釈放の日、自決している。東條憲兵政治の犠牲者というべき最期であった。

米内光政――山本五十六元帥の英霊に応うる道

連合艦隊司令長官の山本五十六は、太平洋戦争開戦時の国民的英雄であった。日本国民の全てが、真珠湾攻撃によって対米英蘭戦争が始まることなど知る由もなかった。ある日、目が覚めたら日本海軍はハワイの真珠湾攻撃で戦争を始めていたのである。大本営発表などで、連合艦隊の活動が細かに紹介されていき、やっと山本が国民的英雄だと教えられることになったのである。国民にとって、戦争情報はすべて受け身であったのだ。

緒戦は確かに順調であった。昭和十七年（一九四二）四月までは日本軍は優勢だったが、六月、七月のミッドウェイの海戦で航空母艦三隻を失うことで敗北を味わった。以来ガダルカナルの地上戦で兵力の逐次投入という失敗を犯し、戦闘の主導権は次第に連合国に奪われることになった。国力の差に加えて戦略、戦術の失敗も理由であった。

山本は連合艦隊の総力を投入して、ミッドウェイ海戦に臨んだが、それは国力の劣る日本は、短期決戦で決着をつける以外にないとの判断からだった。

昭和十八年（一九四三）に入って、アメリカ軍は中部太平洋に戦場を移し、日本の占領地域を奪回する作戦に重点を移した。日本も新たに「い号作戦」で対抗することになったが、山本は前線視察の名の下、護衛機に守られての飛行中にアメリカ軍航空機の待ち伏せ攻撃に遭い、墜落死した。昭和十八年四月十八日のことであった。

山本の死はしばらく伏せられていた。国民の衝撃があまりにも大きいと思われたからである。結局、二カ月後に発表され、国葬が営まれた。葬儀委員長は米内光政海軍大将が務めた。この模様はラジオでも放送されている。

米内光政（元首相、海軍、昭和十八年六月）

偉勲（いくん）かくかくたる山本元帥の国葬は、本日、日比谷公園の斎場において厳（おごそ）かに執り行われましたので、この機会に私は、山本元帥につき一言（いちごん）申し述べご挨拶に代えたいと思うのであります。

元帥のご生涯を顧みますると、元帥は、明治三十七年（一九〇四）十一月、兵学校を卒業、少尉候補生を命ぜられまするや、軍艦日進（にっしん）に乗り組まれ、日本海海戦に初陣の功を立てられ、左の指二本を失われ、右の下腿部に大きな火傷を負われたのでありまして、日本海海戦に海軍軍人としての生活の第一歩を踏み出されたのであります。爾来（じらい）三十八年、元帥は大東亜戦争に連合艦隊司令長官として全軍を指揮されました。帝国の興亡をその双肩に負われまして、元帥の神謀鬼策は開戦以来一年有半、よく米英艦隊の主力を破り、帝国の戦略的優位を確保し、大東亜共栄圏建設の基礎を確立するの偉功を立てられたのであります。

かつて一少尉候補生として帝国の興廃をかけました日本海海戦に参加、負傷された元帥は、再び帝国の隆替（りゅうたい）を決しまする大東亜戦争に連合艦隊司令長官の重責を負われて奮戦せられ、ついに機上において壮烈なる戦死を遂げられました。

元帥の武人たるのご生涯は、戦いに始まり戦いに終わったと申せるのであります。帝国の海軍軍人としてこれほど武運に恵まれた方は他に類例がないのでありましょう。しかも、この四十年の御生涯をば、「常に戦場に在る心」をもって仇敵必滅（きゅうてきひつめつ）の精神をもって一貫されました。

今や時局ますます重大なる時であります。我々はこの元帥の心をもって心といたしまして、元帥に続き仇敵米英の徹底的撃滅を期さなければならんのでありまして、かくてこそ元帥の英霊に応（こた）うる唯一の道であると確信するものであります。

米内は、海軍大臣の折に海軍次官だった山本と頑強に三国同盟に反対している。いわば同志であった。この中で米内は、山本の武人としてのその生涯をたたえ、日露戦争に青年士官として従軍して以来の武勲を称賛している。ただ戦時下のゆえもあって、必ずしもこうした賞賛が正しいわけではない。山本が武人として政治には一切関わらない姿勢を貫こうとしつつ、そうはいかなかった悔しさは、国葬では明らかにできなかったのである。

そのことは海軍内部でも、この戦争に若干の距離を置いている米内にとっても不満であっただろう。米内はこの後の終戦末期には再び海軍大臣などを務め、終始和平や講和の方向を目指した軍事指導者として名を残しているからだ。

東條英機②──皇運を扶翼し奉るの日は今日来た

太平洋戦争は三年八カ月続いたが、そのうちの二年八カ月近くは東條英機首相によって担われた。東條の強気な性格は、その戦争指導にも現れていて、敗戦への道や不利な状況を認めようとせず、ひたすら軍事だけの戦争を続けた。アジア全域に広げた戦争は、昭和十八年（一九四三）に入るとアメリカ軍の本格的な反攻期に入り、日本は至るところで敗北し、そして兵士の戦死率も増えていった。国力を支える兵員の絶対的不足に陥る状態になった。

東條内閣は大学や専門学校の在学生には徴兵猶予の処置をとっていたが、こういう状態を見て、将校や兵員の不足により結局はその猶予を取り消すことになった。いわば、それが学徒出陣の意味である。

この取り消しは「在学徴集延期臨時特例」（勅令第七百五十五号）によって行われた。裁可されたのが昭和十八年十月一日であった。いつもなら四月に入学、あるいは進級する。ところが、戦時下ではあらゆることが変則的になるのだが、勤労動員などで、学内の授業は短縮となっていて、大学や専門学校の年次は昭和十七年十月から十八年の九月までを一学年の授業期間とするという変則の事態になっていた。

しかし、例えば十月に第三学年に進級した徴兵年齢期（二十歳以上）の学生は、翌年九月には卒業できない（当時、大学は三年制）。そこで文部省は、仮卒業とか仮修了という名目で軍務につかせ、その軍務についていれば予定の時期に卒業したことにするというのであった。大学生や専門学校の学生は、まさに軍務が「授業」となったのである。とにかく兵員が足りないという理由からの付け焼き刃の処置とも言えた。それほど曖昧であった。文部省からの通達により各大学ではその曖昧さで対応せざるを得なかったのだ。

こうして行われた徴兵検査、そして入隊した部隊の教育などで学徒出陣の形ができあがり、昭和十八年十月二十一日、明治神宮外苑陸上競技場での壮大な「出陣学徒壮行会」が開かれた。雨上がりのグランドを学生服姿で、銃を担ぎ、ゲートルを巻いて行進する学徒の様子はしばしば戦争の時代を語る映像としてテレビなどでも放映される。この壮行会で、東條首相が演説したのがこの音声である。

東條英機（首相、陸軍、昭和十八年十月）

御国（みくに）の若人たる諸君は勇躍学窓より征途（せいと）につき、祖先の遺風を昂揚（こうよう）し、仇（あだ）なす敵を撃滅をして、皇運を扶翼（ふよく）し奉るの日は今日来たのであります。

大東亜十億の民を、道義に基づいてその本然の姿に復帰せしむるために壮途にのぼる日は、今日来たのであります。

私は衷心（ちゅうしん）より、諸君のこの門出をお祝い申し上げる次第であります。諸君が悠久の大義に生きるただ一つの道なのであります。諸君の門出の荘厳なるゆえんは実にこ

1943年10月21日、冷たい秋雨が降る中、東京・明治神宮外苑で行われた「出陣学徒壮行会」（提供：朝日新聞社）

こに存するのであります。諸君の光栄ある今日の門出に際し、我々の祖先が我が子の初陣にあたり、一家一門うちそろうて祝い送ったと同様の心持ちを持ちまして、我々一億同胞は心から敬意と感謝とをもって、諸君の壮途を祝い送らんとするものであります。

願わくば、青年学徒諸君、私は、諸君が昭和の御代（みよ）における青年学徒の不抜なる意気と必勝の信念とを持って、護国の重責を全うし、後世に長く日本の光輝ある伝統を残されんことを強く期待し、かつこれを確信するものであります。

「お祝い申し上げる次第」とか「悠久の大義に生きるただ一つの道」と言った演説箇所に戦時下の特異性が現れている。同時に戦時指導者としての東條のもう一つの顔もうかがえる。

徴兵猶予取り消しの勅令を天皇に出してもらうために、陸軍大臣の東條英機が内閣総理大臣の東條英機に勅令案を提出するという形をとっている。一人二役での学徒出陣の生みの親だったのだ。自分の処置によって戦地に赴く学徒に、祝辞を述べるというのが壮行会の光景でもあった。

付け加えておくと、この壮行会は大阪、京都、名古屋、札幌、上海、台北、京城、新京などでも行われた。日時はそれぞれの地方の事情によって異なっている。しかし学徒出陣の正確な数字、戦死の数などは今も詳しくはわからない。各大学の数字も一部を除いては今も不明である。明治神宮外苑に集まった出陣学徒数も五万から十万と言われ、正確な数字はわかっていない。学徒の心情を思えば、映像に映し出されているのは辛い戦争の風景なのである。

小磯国昭――総力を結集して敵に当たり、その非望を粉砕すべき時

小磯国昭内閣は、東條英機内閣の総辞職の後に誕生した内閣である。太平洋戦争の現実は極めて深刻で、日本に勝利の可能性がないことは誰の目にも明らかであった。とは言え致命的な打撃を受けているわけではないので、強硬論を崩さない軍部の中心勢力が依然として主導権を握っていた。

東條内閣はサイパンの陥落によって、日本本土の爆撃が可能になったことの責任をとった形での総辞職であった。むろん東條の戦争指導に対する批判、反感は重臣や天皇側近に

広がっていて、東條はそういう勢力に恫喝を加えて、延命を図ろうとしたが、最終的には天皇の信頼も失い、その座を離れている。

小磯は生粋の陸軍軍人だが、どちらかと言えばそれほど我を出さず、実直な事務を取るタイプであった。戦況が悪化している今、海軍の米内光政と協力して陸海軍の共同内閣で戦争指導にあたるようにというのが天皇の期待であった。小磯は朝鮮総督であったが、昭和十九年（一九四四）七月二十二日、東京に呼び戻されて首相の座についた。この演説は組閣を命じられた折の小磯のラジオ放送である。

小磯国昭 （首相、陸軍、昭和十九年七月）

世界の戦局は、今や人類史上いまだかつてなき非常の大戦となり、皇国また前古未曽有の国難に際会しておりますこの時、不肖はからずも畏きあたりの御召を蒙り、米内海軍大将と協力して内閣を組織せよとの大命を拝し、聖慮を畏み、組閣にあたりました結果、過般新内閣成立し、ここに国民諸君と共に忠誠を尽くすの光栄を担うことになりましたが、まことに恐懼感激の至りに堪えません。

今や戦争勃発以来二年九カ月、敵はその抱懐する深刻なる苦悩と逼迫せる内外の情勢に焦慮し、短期間に勝敗を決せんとしてマリアナ群島に侵入してきたり。一挙に我が本土を突かんとするの態勢を示すと共に、ニューギニア方面においてもまた徐々に進出を遂げ、我が本土と南方との交通線を脅かさんとするの企図を露呈するに至りました。

まさに皇国の雄渾果敢なる作戦が待望せらるると同時に、銃後一億また総武装、宣戦の大詔を畏みつつ、総力を結集して敵に当たり、その非望を粉砕すべき時がきました。

私はこの際、大詔を奉誦いたしまして、国民諸君と共に今次大東亜戦争の真目的に関する認識を特に新たに致し、いよいよ必勝の信念を固めたいと存ずるのであります。

戦局が芳しくないこと、アメリカ軍が本土上陸を企図していること、さらに皇国の新しい作戦が期待されていること、などの内容を国民に伝えている。小磯は朝鮮総督として、国際情勢がどのように推移しているか、日本は今や崖っぷちに立っているとの認識は持っていたであろう。したがってこの演説も内容は空疎であり、新しい方向（例えば、講和を目指すといったことだが）については、全く語っていない。

小磯・米内内閣期に入ると、日本軍はフイリピンのレイテ決戦で徹底した敗北を喫した。小磯は「レイテは天王山」と呼号していたが、現実に日本軍の戦力はすでに対等に戦う力を持っていなかった。

昭和二十年（一九四五）二月に硫黄島、四月に沖縄本島と、アメリカ軍の攻撃に日本は特攻作戦で、文字通り体当たり攻撃で局面の打開を図ろうとしたが、結果ははかばかしくはなかった。軍の強硬派は本土決戦に固執し、小磯は実質的に軍部をコントロールする力を失っていった。そういう時に和平の一方法として、汪兆銘政権の要人である繆斌を通しての和平工作に期待するが、閣僚からも、何より天皇からも信頼されなかったために、この案は沙汰止みになった。

小磯はその責任をとって総辞職した。昭和二十年四月七日である。ヨーロッパではヒトラーのドイツが連合国に降伏するころであった。

鈴木貫太郎――私が一億国民諸君の真っ先に立って死花を咲かす

鈴木貫太郎はこのころ（昭和二十年四月）、枢密院議長のポストについていた。枢密院というのは天皇の政務、軍務などに助言を与える組織で、二十数人のすでに一仕事を終えた長老で構成されていた。七十七歳になっていた鈴木は、この戦争の行く末に不安、不満を持っていたが、さりとて自らにできうる仕事はもうないとも受け止めていた。

小磯内閣が辞職した後の首班について、四月五日午後に重臣会議が開かれたが、東條英機は軍人でなければダメだと言って、畑俊六（はたしゅんろく）を推した。徹底して本土決戦を戦い抜くという意図があった。ところが他の重臣、平沼騏一郎や岡田啓介らは強力に鈴木を推す。鈴木もこの会議には出席していたが、年齢からも、健康上からも、そして何より海軍の軍人として政治に関わらないのを本分としているとして断っている。しかし若槻礼次郎、近衛文麿、内大臣の木戸幸一も含めて、東條を除く全員が鈴木にすべく弁舌を振るった。

この日の夜、鈴木は天皇に呼ばれ、内閣を組閣せよと命じられる。鈴木は政治に関わらないのを心情としてきたことを告げ、「拝辞のお許しをいただきたい」と告げている。天

1945年4月8日、首相就任後に国民向けラジオ放送に臨む鈴木貫太郎首相(提供:朝日新聞社)

皇は、「事情はわかる。しかしもう人はいない。鈴木、頼む」と懇願している。自分はもう戦争を終結したい、頼むからその方向でまとめてくれないかというのが本心であることを、鈴木は見抜いた。天皇は、普通はなんらかの条件を口にするのだが、この時は何の条件もつけなかった。天皇は四十四歳で、鈴木との間には三十三歳もの開きがあった。

鈴木は戦争終結に向かおうとする息子と同年齢の天皇に、慈父のような感情を持ったのであろう。二日間ほど考えて、この役を引き受けることを天皇の前で、約束したのであった。しかし組閣の段階で躓（つまず）きもあり、鈴木内閣の前途は決して明るいとは思えなかった。表向きは戦争継続内閣のポーズを取り、内心では天皇と通じる講和を模索する姿勢を守り抜く、まさに鈴木には二面性の役柄が要求されたのであった。

組閣を終えた翌日（四月八日）、鈴木は官邸でラジオマイクの前に立ち、首相就任の弁を国民に語った。ここに紹介する一節は、その時の演説内容の最も重要なエッセンスの部分である。

鈴木貫太郎（首相、海軍、昭和二十年四月）

今日、私に大命が降下いたしました以上、私は、私の最後のご奉公と考えまするとと同時に、まず私が一億国民諸君の真っ先に立って死花（しにばな）を咲かし、国民諸君は私の屍（しかばね）を踏み越えて国運の打開に邁進されることを確信いたしまして、謹んで拝受いたしたのであります。

「国民よ、我が屍を越えて行け」の意味について、鈴木自身は戦後になって著した著作(『鈴木貫太郎自伝』)の中で、この表現には二つの意味があると説明している。引用しておこう。

「第一に、余としては今次の戦争は全然勝ち目のないこと(略)。第二は余の命を国に捧げるという誠忠の意味から彼のことをあえていった」

もっとわかりやすくいうならば、何としてもこの戦争を終わらせる、軍部などからは国賊扱いされるであろう、殺されるに違いない、どうか私の屍を乗り越えて国民は戦争を終わらせた後の時代を突き進んでほしい、というのが本音だともいうことになる。ここに引用した談話は短いのだが(実際の日本ニュースでもこの部分のみ放映された)、覚悟を決めた老首相の心理が凝縮している文章である。実際に鈴木が内閣を組閣するにあたって、暴漢から襲われそうな状況もあったのである。

鈴木は二・二六事件の折り、侍従長のポストについていたが、青年将校と下士官、兵士の一隊に襲われて重傷を負っている。妻のタカ（昭和天皇、秩父宮、高松宮の幼年時の教育掛）が止めを指すのをやめさせたので、命を長らえることになったが、体内にはその時のピストルの弾丸が入っていた。和平を目指す首相として、強硬派から命を狙われることは当然覚悟していなければならなかった。

鈴木は海軍の軍人として明治、大正を生きてきた。大正末年には軍令部部長も務めた。昭和に入ると枢密院顧問官など天皇の側近になり、いわば宮内官僚に転じた。温厚で、非政治的、包容力のある生き方が認められたのである。近代日本の締めくくりに相応しい人物像であった。

鈴木は、日本が最終的にポツダム宣言を受諾して、昭和二十年（一九四五）八月十五日の敗戦の日を迎えるまで、本土決戦を呼号する陸海軍の強硬派をなだめつつ、事態を少しずつ戦争終結の方向に持っていった。

八月六日の広島への原爆投下、九日の長崎への投下、さらにはソ連による中立条約破棄に続いての宣戦布告。すでにドイツも降伏しており、日本は単独で世界の主要国と戦う事態に追い込まれていった。そして、九日と十四日の二回にわたる御前会議でやっと日本は敗戦を受け入れることになった。最後は鈴木が天皇に聖断を仰ぐという演出で、日本は矛を収めることになったのである。

近代日本は、海軍出身で天皇側近の鈴木の命をかけた戦いで、その幕を閉じたのであった。八月十五日の夜、閣僚の辞表をまとめて天皇に届けた時に、天皇は「鈴木、ありがとう」と何度も繰り返したという。

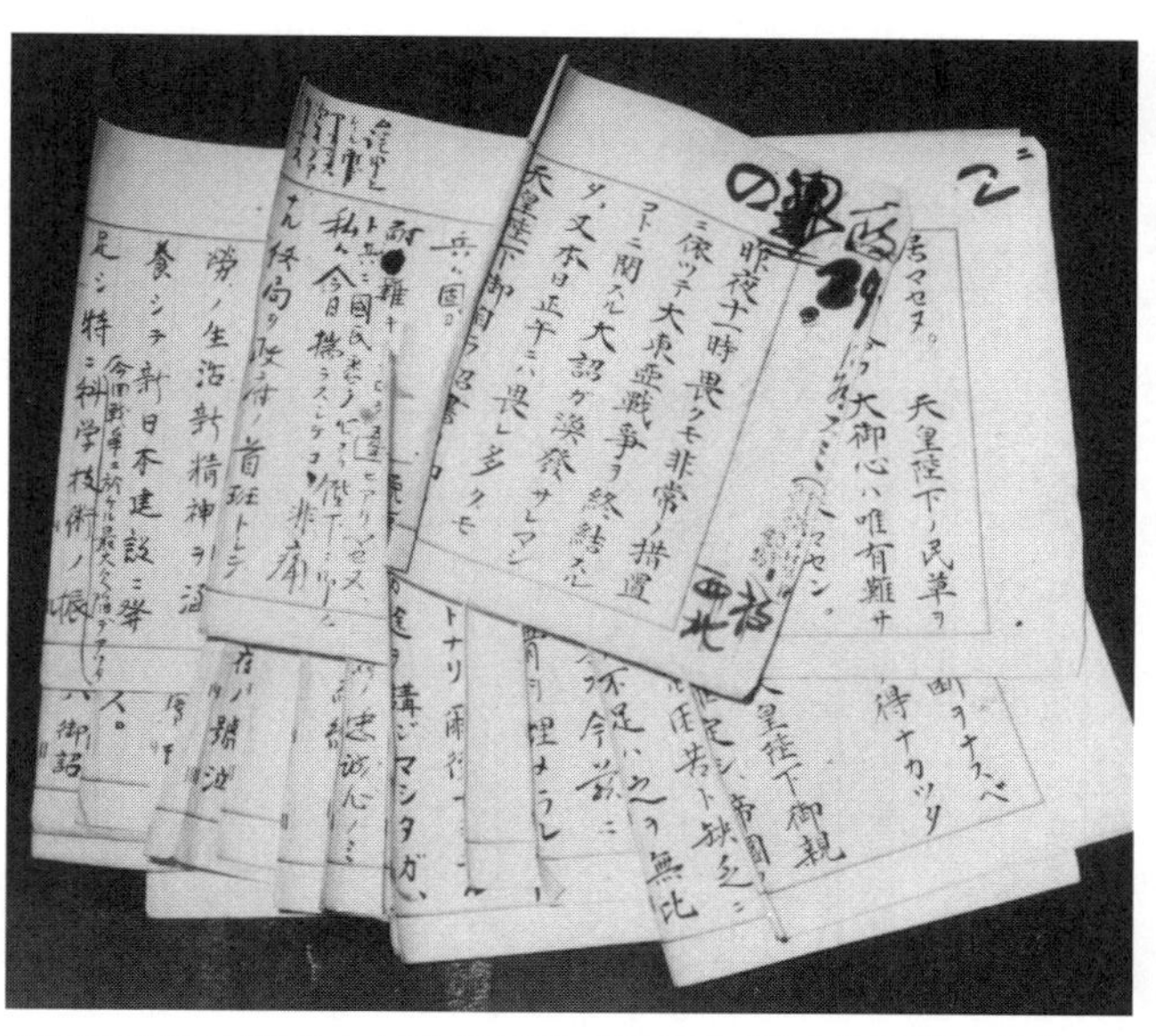

1945年8月15日に行われた「大詔を拝して」と題する鈴木首相最後の放送用の原稿（提供：朝日新聞社）

関連年表

西暦	和暦	総理大臣	出来事
一九二八	昭和三	田中義一	2/20 最初の普通選挙が実施される。
一九二九	昭和四	田中 浜口雄幸	10/24 ニューヨークで株価下落が生じ、世界恐慌へと進展する。
一九三〇	昭和五	浜口	4/22 浜口内閣、ロンドン海軍軍縮条約に調印する。これにより日本で統帥権干犯問題が生じる。
一九三一	昭和六	浜口 若槻礼次郎 犬養 毅	9/18 柳条湖事件が起き、満洲事変が始まる。
一九三二	昭和七	犬養	1/14 満洲事変に対し、国際連盟理事会がリットン調査団を組織。 1/28 上海で日中両軍が軍事衝突する(第一次上海事変)。 3/1 満洲国の建国を宣言。 3/5 団琢磨三井合名会社理事長が暗殺される。前月の井上準之助前蔵相暗殺同様の血盟団によるテロ事件。 5/15 首相官邸が海軍軍人に襲われ、犬養首相が殺害される(五・一五事

		斎藤　実	件)。 9/15 日満議定書が調印され、日本が満洲国を承認する。 10/2 リットン報告書が公開される。 この年、試験移民が行われ、満洲への移民が始まる。
一九三三	昭和八	斎藤	1/30 ナチス党首ヒトラーがドイツ首相に就任する。 2/17 関東軍が中国東北部で熱河作戦を開始。 2/20 プロレタリア文学者小林多喜二、警視庁特別高等警察の拷問で殺害される。 2/24 国際連盟、リットン報告書をもとに満洲からの日本軍撤退を勧告する案を四十二対一で可決。 3/27 日本、国際連盟脱退を通告する。 5/31 日本と中国に停戦協定(塘沽協定)が結ばれ、満洲事変の軍事行動が終了する。 6/10 日本共産党幹部佐野学・鍋山貞親、運動方針の転向を獄中から声明する。
一九三四	昭和九	斎藤 岡田啓介	3/1 満洲国執政溥儀が皇帝に即位する。 この年、ソ連最高指導者スターリンが国内で大弾圧を始める(大粛清)。

西暦	和暦	首相	出来事
一九三五	昭和十	岡田	8/3 天皇機関説問題を受け、「国体明徴に関する政府声明」(第一次国体明徴声明)を岡田内閣が示す。 8/12 陸軍内部抗争で永田鉄山軍務局長が暗殺される。 10/15 軍部などの運動に対し、政府は再度「国体明徴に関する政府声明」(第二次国体明徴声明)を発し改めて天皇機関説を否認する。 10/3 ムッソリーニ政権のイタリア、エチオピア侵攻を始める。
一九三六	昭和十一	岡田 広田弘毅	2/20 第十九回衆議院選挙が実施され、立憲民政党が第一党となる。 2/26 陸軍の一部将校が首相官邸などを襲撃し、斎藤実内大臣・高橋是清蔵相・渡辺錠太郎陸軍教育総監らを殺害する(二・二六事件)。 5/18 陸・海軍大臣を現役の大将・中将のみとする法令(軍部大臣現役武官制)が復活する。 11/25 日独防共協定が調印される。
一九三七	昭和十二	広田、林銑十郎 近衛文麿	7/7 盧溝橋事件が起こり、日中戦争が始まる。 8/24 国民精神総動員実施要綱を近衛内閣が決定する。 9/23 中国で国民党と共産党が協力する国共合作が成立。 12/13 日本軍、国民政府の首都・南京を占領。

西暦	和暦	首相	出来事
一九三八	昭和十三	近衛	1／16 近衛首相、中国の国民政府との交渉打ち切りを声明(第一次近衛声明)する。 4／1 国家総動員法が公布される。 8／16 ナチスの青少年組織ヒトラーユーゲントが来日し、三カ月程滞在する。 11／3 近衛首相、東亜新秩序声明を発表する(第二次近衛声明)。 12／22 近衛首相、対中国和平の三原則を声明する(第三次近衛声明)。
一九三九	昭和十四	近衛 平沼騏一郎 阿部信行	3／19 軍用資源秘密保護法案が成立し、3／25に公布される。 3／31 従業者雇入制限令・賃金統制令が公布される。 5／11 満蒙国境近くで、関東軍とソ連・モンゴル軍が衝突するノモンハン事件が発生。 7／26 アメリカが日米通商航海条約破棄を通告(1940 1／26失効)。 8／23 独ソ不可侵条約が締結され、8／28に平沼内閣が総辞職する。 9／1 ドイツがポーランド侵攻を行い、第二次世界大戦が始まる。
一九四〇	昭和十五	阿部 米内光政 近衛文麿	6／14 ドイツ軍がパリを占領する。 9／23 日本がフランス領北部インドシナへの占領開始(北部仏印進駐)。

			9/27 ドイツで日独伊三国同盟の調印がなされる。 10/12 大政翼賛会が発足する。 11/27 野村吉三郎が駐アメリカ大使に任命される。
一九四一	昭和十六	近衛	4/13 ソ連で日ソ中立条約の調印がなされる。 4/16 アメリカのハル国務長官、戦争回避・延引を目的とする日米諒解案を野村大使から受け、日本政府に正式な訓令を要求する（日米交渉始まる）。 6/22 ドイツがソ連に侵攻し、独ソ戦が始まる。 7/21 日本がフランスのビシー政権に仏領南部インドシナ進駐を承認させる（7/28 南部仏印進駐開始）。 7/25 アメリカ、在米日本資産凍結令を公布する（7/26 イギリス、在英日本資産凍結）。 8/1 アメリカ、日本を含む「侵略国」への石油輸出全面禁止を発表する。 8/14 アメリカのルーズベルト大統領とイギリスのチャーチル首相、第二次世界大戦終結後の世界構想（大西洋憲章）を発表する。
		東條英機	10/18 東條英機内閣が発足する。 11/5 御前会議で、十二月初めまでに対米交渉不成立の場合は武力発動することを決定。 11/26 野村大使・来栖三郎特命全権大使がハル国務長官と会談、日本側

西暦	和暦	内閣	事項
			の最終提案は拒否され、中国・仏印からの全面撤兵などを要求される（ハル・ノート）。 12/1 日本政府がアメリカ・イギリス・オランダとの開戦を決定する。 12/8 日本軍、イギリス領マレーへ侵攻する。同日、ハワイ真珠湾のアメリカ艦隊を攻撃する（太平洋戦争始まる）。
一九四二	昭和十七	東條	4/18 アメリカ軍が東京など日本本土へ初めて空襲を行う。 6/5 ミッドウェー海戦が始まる。この戦いで日本軍は空母四隻などをアメリカ軍により失い、海上・航空戦力で劣勢となる。
一九四三	昭和十八	東條	2/1 日本軍、ガダルカナル島占拠を断念、撤退を始める。 9/8 イタリア、連合国に降伏する。 10/2 在学徴集延期臨時特例が公布され、文科系在学生への徴兵猶予が撤廃される（学徒出陣始まる）。 12/1 米英中首脳会談で対日本処理方針（カイロ宣言）が発表される。
一九四四	昭和十九	東條 小磯国昭	7/7 サイパン島の日本軍が全滅する。 7/18 東條内閣が総辞職する。 7/22 小磯国昭内閣が発足する。 この年から、アメリカ軍が日本本土空襲を大規模に行う。

西暦	年号	首相	出来事
一九四五	昭和二十	小磯 鈴木貫太郎 東久邇宮稔彦王	2/19 アメリカ軍、硫黄島攻撃を始める(3/26 同島制圧)。 3/10 東京が夜間に大空襲を受ける(東京大空襲)。 4/1 アメリカ軍、沖縄本島に上陸(6/23 日本軍司令部が壊滅)。 5/8 ドイツ、連合国に降伏する。 7/26 米英中による対日本降伏要求、ポツダム宣言が発表される。 8/6 広島に原子爆弾が投下される。 8/8 ソ連、日本に宣戦布告する。 8/9 長崎に原子爆弾が投下される。 8/14 日本、連合国にポツダム宣言受諾を通告。 8/15 日本、詔書放送で降伏を国民に表明する。 9/2 日本、降伏文書に調印する。

本書に登場した政治家たち（掲載順）

田中義一（たなか・ぎいち／一八六四～一九二九）
陸軍軍人、政治家。元治元年（一八六四）、長州藩士の三男として生まれる。十九歳で上京し、陸軍士官学校、陸軍大学を卒業後、日清戦争に出征。日露戦争では満洲軍参謀として活躍した。原敬内閣と山本権兵衛内閣で陸軍大臣を務め、昭和二年（一九二七）、若槻礼次郎内閣の総辞職を受けて内閣総理大臣兼外務大臣に就任する。同四年、張作霖爆殺事件の責任を取って総辞職。その二カ月後、狭心症で死去した。

浜口雄幸（はまぐち・おさち／一八七〇～一九三一）
官僚出身の政治家。明治三年（一八七〇）、高知県で林業を営む水口家に生まれ、のちに元郷士の浜口家の養子となる。帝国大学法学部を卒業し、大蔵省に入省。専売局長を経て第二次大隈内閣の大蔵次官となり衆議院議員選挙に当選。大正十三年（一九二四）に成立した加藤高明内閣で大蔵大臣に就任する。昭和二年（一九二七）に成立した立憲民政党の総裁となり、同四年に内閣総理大臣に就任。同五年に右翼青年に襲撃され大けがを負い、翌年に没した。

尾崎行雄（おざき・ゆきお／一八五八～一九五四）
明治～昭和前期の政党政治家。咢堂の号で知られる。安政五年（一八五八）に神奈川県に生まれる。慶応義塾と工学寮に学び、雑誌編集などに従事したのち福沢諭吉の推薦で『新潟新聞』の主筆となる。一時、官界に転じるが、明治二十三年（一八九〇）に第一回総選挙に当選し、以後昭和二十七年（一九五二）の総選挙まで連続二十五回当選。議員生活は六十三年に及ぶ。大政翼賛会を批判するなど、権力批判に注力し、「憲政の神様」と讃えられた。

安部磯雄（あべ・いそお／一八六五〜一九四九）
明治〜昭和の社会運動家。元治二年（一八六五）、福岡藩士の家に生まれ、京都の同志社に学ぶ。アメリカの神学校やドイツのベルリン大学に学び帰国。東京専門学校（のちの早稲田大学）の教授となるが、この頃からキリスト教人道主義の立場から社会主義に傾倒。明治三十四年（一九〇一）には片山潜や幸徳秋水らと社会民主党を結成。早大野球部を創立するなどスポーツ界に貢献したのち、再び社会主義運動を主導。戦後は日本社会党の顧問となった。

大山郁夫（おおやま・いくお／一八八〇〜一九五五）
大正〜昭和期の社会運動家。明治十三年（一八九〇）、兵庫県の医師の家に生まれ、のちに神戸の大山家の養子となる。東京専門学校を卒業後、シカゴ大学、ミュンヘン大学に留学し、帰国後、早稲田大学教授に就任。『大阪朝日新聞』記者に転じるが、民本主義を提唱して早大に復帰。無産政党の組織化に注力するも、渡米してノースウェスタン大学の研究嘱託となり、日本帝国主義を批判。戦後に帰国してからは一貫して平和運動に挺身した。

若槻礼次郎（わかつき・れいじろう／一八六六～一九四九）
明治～昭和の官僚・政治家。慶応二年（一八六六）、松江藩士の子として生まれる。帝国大学法科大学を首席で卒業し大蔵省に入省。大蔵次官を経て大正元年（一九一二）に第三次桂太郎内閣の大蔵大臣に就任。大正十五年、加藤高明首相の病没を受けて第一次若槻内閣を組織。昭和六年（一九三一）には、右翼に襲撃された浜口首相の辞職を受けて第二次若槻内閣を組織。辞職後は重臣として扱われ、日米開戦に反対し、開戦後は和平に尽力した。

犬養毅（いぬかい・つよし／一八五五～一九三二）
明治～昭和期の政党政治家。安政二年（一八五五）に岡山藩士の家に生まれる。慶應義塾に学びつつ『郵便報知新聞』記者として西南戦争に従軍。明治十五年（一八八二）に立憲改進党の結成に参加。明治二十三年、第一回総選挙で当選。以後十七回連続当選。改進党・進歩党・憲政党・立憲国民党を経て政友会総裁となり、昭和六年（一九三一）、若槻内閣総辞職を受けて内閣総理大臣に就任するが、翌年、五・一五事件において殺害される。

永井柳太郎（ながい・りゅうたろう／一八八一～一九四四）
大正～昭和期の政党政治家。明治十四年（一八八一）、金沢に生まれる。早稲田大学を卒業後、イギリス留学を経て早大教授となり、植民政策の講座を担当するが、学内騒動で大学を追われる。大正九年（一九二〇）に衆議院議員に当選。以後、連続八回当選。拓務相・逓信相などを歴任後、大政翼賛会常任総務に就任。大日本興亜同盟理事長、翼賛政治会常任総務などを歴任した。『社会問題と植民問題』『植民原論』などの著書がある。

井上準之助（いのうえ・じゅんのすけ／一八六九〜一九三二）
大正〜昭和期の財政家・政治家。明治二年（一八六九）大分県日田市に生まれる。帝国大学法科大学を卒業後、日本銀行入行。明治四十四年に横浜正金銀行に招かれて頭取を経て、大正八年（一九一九）に日銀総裁となる。その後、財界のまとめ役を果たすとともに政界に進出。第二次山本権兵衛内閣、浜口雄幸内閣、若槻礼次郎内閣で大蔵大臣を務め、金解禁政策の実施に尽力した。昭和七年（一九三二）、国家主義者のグループ（血盟団）の一人に狙撃され暗殺された。

高橋是清（たかはし・これきよ／一八五四〜一九三六）
明治〜昭和期の財政家・政治家。安政元年（一八五四）、幕府御用絵師の庶子として生まれる。渡米や遊蕩生活を経て明治十四年（一八八一）に農商務省に入省。ペルーの銀鉱山開発に失敗後、日本銀行に入行し、日露戦争の戦費調達のため外債募集に活躍。明治四十四年に日銀総裁を務めたのち大蔵大臣として積極財政を展開し、大正十年（一九二一）に内閣総理大臣。その後も蔵相を歴任するが、軍部と対立し、昭和十一年（一九三六）に二・二六事件で暗殺された。

斎藤実（さいとう・まこと／一八五八〜一九三六）

明治〜昭和期の海軍軍人・政治家。安政五年（一八五八）、陸奥国の水沢藩藩士の家に生まれる。海軍兵学校、アメリカ留学を経て初代の米国駐在公使館付武官となる。明治三十一年（一八九八）、大隈重信内閣の山本権兵衛海軍大事の元で次官となり、日露戦争に向けた海軍軍拡を主導。明治三十九年に第一次西園寺公望内閣の海軍大臣。朝鮮総督や枢密顧問官を経て昭和七年（一九三二）に内閣総理大臣に就任。昭和十一年、二・二六事件で落命。

松岡洋右（まつおか・ようすけ／一八八〇〜一九四六）
明治〜昭和期の外交官・政治家。明治十三年（一八八〇）、現在の山口県光市の廻船問屋に生まれる。アメリカで苦学ののち帰国。外交官として第一次世界大戦後のベルサイユ講和会議で活躍。南満洲鉄道株式会社を経て昭和五年（一九三〇）に衆議院議員に当選。満洲事変後、国際連盟総会に首席全権として出席。第二次近衛文麿内閣の外務大臣として日独伊三国同盟、日ソ中立条約を成立させる。戦後はA級戦犯容疑者となるが肺結核で死亡した。

岡田啓介（おかだ・けいすけ／一八六八〜一九五二）
大正〜昭和期の海軍軍人・政治家。明治元年（一八六八）、福井藩士の子として生まれる。海軍兵学校および海軍大学校を卒業後、日清・日露戦争に従軍。昭和二年（一九二七）に田中義一内閣の海軍大臣。同五年のロンドン海軍軍縮会議では、条約締結に寄与した。同九年には西園寺公望の期待を担って内閣総理大臣を拝命。同十一年の二・二六事件で官邸を襲撃されるが殺害を免れた。その後、東條内閣の倒閣運動を行うなど和平工作に尽力した。

広田弘毅（ひろた・こうき／一八七八〜一九四八）
昭和前期の外交官・政治家。明治十一年（一八七八）、福岡の石屋の子として生まれる。東京帝国大学卒業後、外交官の道に進み北京・ロンドンを経てアメリカ大使館勤務。オランダ公使、ソ連大使を経て昭和八年（一九三五）に斎藤実内閣で外務大臣。二・二六事件後の昭和十一年に内閣総理大臣に就任。日独防共協定に調印する。太平洋戦争末期には日ソ関係修復に動くが失敗。戦後、A級戦犯容疑で東京裁判に出廷。文官として唯一、死刑となった。

林銑十郎（はやし・せんじゅうろう／一八七六〜一九四三）
大正〜昭和期の陸軍軍人・政治家。明治九年（一八七六）に旧加賀藩士の子として生まれる。陸軍士官学校・陸軍大学を卒業後、日露戦争に出征。海外留学後は閑職に回るが、陸軍大学校長に就任。朝鮮軍司令官当時に満洲事変に際会。独断で軍を派遣し「越境将軍」と呼ばれた。荒木貞夫・真崎甚三郎と接近し皇道派三首脳と呼ばれたが、のちに対立。昭和十二年（一九三七）に内閣総理大臣に就任するが、総選挙で大敗し総辞職に追い込まれる。

近衛文麿（このえ・ふみまろ／一八九一〜一九四五）
大正〜昭和期の政治家。明治二十四年（一八九一）、五摂家筆頭・公爵近衛家に生まれる。東京帝国大学から京都帝国大学に転じて貴族院議員となる。昭和八年（一九三三）に貴族院議長。同十二年に第一次近衛内閣を組閣。国家総動員法の成立、国民精神総動員運動を展開するなど「革新」政策を進める。第二次、第三次近衛内閣で新体制運動を進めるが、日米交渉の行き詰まりで総辞職。戦後、ＧＨＱから戦争犯罪人容疑者とされ、自ら命を絶った。

平沼騏一郎（ひらぬま・きいちろう／一八六七〜一九五二）
明治〜昭和期の司法官・政治家。慶応三年（一八六七）、津山藩士の子として生まれる。帝国大学法科を卒業後、東京地方裁判所判事などを経て東京控訴院検事、ついで検事総長として事件に審理に腕を振るった。大審院長を経て大正十二年（一九二三）に山本権兵衛内閣の司法大臣となる。昭和十四年（一九三九）に内閣総理大臣となるが、混迷する国際情勢に対応できず総辞職。戦後はＡ級戦犯容疑者として東京裁判に終身禁固の判決を受けた。

阿部信行（あべ・のぶゆき／一八七五〜一九五三）
大正〜昭和期の陸軍軍人・政治家。明治八年（一八七五）、旧金沢藩士の子として生まれる。陸軍士官学校、陸軍大学校を卒業。参謀本部総務部長から陸軍軍務局長に転じ、軍政畑を歩む。昭和三年（一九二八）に陸軍次官となり、宇垣一成陸軍大臣が病気療養中は陸相代理を務めた。いったん予備役に入るが昭和十四年に平沼騏一郎首相の辞任を受けて内閣総理大臣に就任。陸軍の協力を得られずわずか四カ月で辞職。朝鮮総督時代に終戦を迎える。

斎藤隆夫（さいとう・たかお／一八七〇～一九四九）
大正～昭和期の政党政治家。明治三年（一八七〇）、兵庫県出石郡に生まれる。東京専門学校を卒業後、弁護士を開業。アメリカのイェール大学留学を経て明治四十五年に衆議院議員に当選。以後十三回当選。二・二六事件後に議会で軍の政治関与を批判する「粛軍演説」を行う。昭和十五年（一九三五）には日中戦争蒐集方針をめぐる政府批判演説により議員を除名される。戦後、日本進歩党の結成に加わり第一次吉田内閣、片山内閣で国務大臣となった。

東條英機（とうじょう・ひでき／一八八四～一九四八）
昭和期の陸軍軍人・政治家。明治十七年（一八八四）、陸軍の東條英教中将の子として生まれる。陸軍士官学校、陸軍大学校を卒業。昭和十二年（一九三七）関東軍参謀長。同十五年に第二次近衛文麿内閣で陸軍大臣となる。対米海戦を主張して近衛首相と対立。近衛退陣を受け内閣総理大臣に就任。陸相・内相を兼ね強力な戦時独裁体制を築くが、戦局の悪化と支配層の反発を受けて辞職。戦後の東京裁判ではA級戦犯として死刑となった。

中野正剛（なかの・せいごう／一八八六～一九四三）
大正～昭和期のジャーナリスト・政治家。明治十九年（一八八六）に旧福岡藩士の子として生まれる。早稲田大学卒業後、ジャーナリストとして活躍。第一次世界大戦後のベルサイユ講和会議を取材。日本外交を強く批判し、大正九年（一九二〇）に無所属で衆議院議員に当選。以後、連続八回当選。複数の政党を渡り歩き、やがて独裁色を強める東條英機に反発。東條内閣打倒に動くが警視庁に検挙され、憲兵隊による軟禁状態の自宅で割腹自殺した。

米内光政（よない・みつまさ／一八八〇～一九四八）
明治～昭和期の海軍軍人・政治家。明治十三年（一八八〇）、旧南部藩士の家に生まれる。海軍兵学校卒業後、日露戦争に従軍を経て海軍大学校を卒業。海外勤務を経て昭和十一年（一九三六）に連合艦隊司令長官となり、林銑十郎内閣では海軍大臣に就任。同十五年には内閣総理大臣となり、海軍の引き留めを拒否して予備役となる。日米開戦後、小磯国昭内閣で天皇の特旨で海軍大臣となり、海軍内部をまとめて終戦に持ち込んだ。

小磯国昭（こいそ・くにあき／一八八〇～一九五〇）
明治～昭和期の陸軍軍人・政治家。明治十三年（一八八〇）、旧新庄藩士の子として生まれる。陸軍士官学校卒業後、日露戦争に従軍。陸軍大学校を卒業後、参謀本部を経てシベリア出兵に参加。昭和七年（一九三二）に関東軍参謀長となり満洲国の指導にあたった。同十九年、東條内閣総辞職後、天皇の命を受け米内海軍大将と協力して組閣するが成果は上がらず、沖縄戦の最中に総辞職。戦後はA級戦犯として東京裁判で終身刑となり病気で獄死した。

鈴木貫太郎（すずき・かんたろう／一八六七〜一九四八）
明治〜昭和期の海軍軍人・政治家。慶応三年（一八六七）、大坂堺で関宿藩士の子として生まれる。海軍士官学校、海軍大学校を卒業。日清・日露戦争に従軍。大正十二年（一九二三）に連合艦隊司令長官、翌年に海軍軍令部長となる。昭和四年（一九二九）に予備役となり、侍従長兼枢密顧問官を務め、二・二六事件では重傷を負った。昭和二十年、小磯内閣の後を受けて内閣総理大臣に就任。天皇の裁断によるポツダム宣言受諾を実現した。

おわりに

政治家の最大の役目とは何だろうか。古今、さまざまな言い方をされてきたのだが、結局次のような役割を認識するか否かが問われるのではないだろうか。あえて箇条書きにしてみる。

①人類史はどのような方向に動いていくのか。
②そこで日本の進む道はいかなる道がいいのか。
③そのために自分はどういう哲学、思想を身につけるべきか。
④政治家として自らの立脚点はどこにあるか。
⑤一市民としての自らを律する道徳律とは何か。

これは私が考えた条件だが、むろんこれが全てだとは言わない。ただ私は現代史の中で政治家の生き方を見ていて、立派な政治家だなと思うのは、こうした点がはっきりしている人物である。こうした条件を兼ね備えた政治家として、私は石橋湛山をあげるのだが、その理由は、一貫して「小日本主義」「非軍事」「市民的感覚」を大切にしてきたからである、本書で解説を書きながら、しばしばここに登場する政治家と、石橋を比較することがあった。むろん石橋は戦時下では、言論人であり、政治家ではない。石橋が政治家になるのは戦後であるが、その姿勢は前述の五つの役割について、見事なまでに明確な答えを持っていることに気がつく。

本書で取り上げた政治家で、石橋に伍して行ける人物はほとんどいないと言っていいだろう。たしかに、戦時下で政治家として生きるのはかなり難しいことでもあった。五つの役割について、私たちを納得せしめる政治家は、斎藤隆夫、安部磯雄など数えるに過ぎないのではないか。逆に軍事に隷属し、軍部の威圧に沈黙し、そして時代の渦に巻き込まれながら生きていく以外になかったというのが、ほとんどの政治家の姿であった。

その意味で本書が、歴史の中の政治家のあり方を考える参考の書として、手に取ってもらえればこれにすぐる喜びはない。政治家が自立できない社会は、そのまま国民が自立できないという意味でもある。その不幸は結局国民に還（かえ）ってくるのである。私たちが肝に銘じておくことはまさにこのことである。良き政治家は国民が生み、政治家は国民に良き議会政治をもってお返しするという循環が望ましい。そのテーマを本書から汲み取ってもらえたら、何よりもの喜びである。

本書刊行までにＮＨＫ出版放送・学芸図書編集部の加藤剛氏に多大の協力をいただいた。企画から刊行まで多くの時間を要する結果になったが、改めて加藤氏の熱意と緻密な仕事ぶりに心底から感謝申し上げる。私は近現代史の実証に力を注いできたが、この書もその一連の書であると記しておきたい。

保阪正康

令和六年（二〇二四年）猛暑の八月　書斎にて

本書に掲載された録音内容は、一九九〇年四、五月に発行された『ＮＨＫカセットブック　肉声できく昭和の証言　政治家編①〜③』の「政治家の録音内容」をもとにしています。

編集協力　湯沢寿久
校閲　安田清人（三猿舎）
ＤＴＰ　山田孝之

保阪正康 ほさか・まさやす
1939年、北海道生まれ。ノンフィクション作家。
同志社大学文学部卒。「昭和史を語り継ぐ会」主宰。
個人誌「昭和史講座」の刊行により菊池寛賞、
『ナショナリズムの昭和』で和辻哲郎文化賞など受賞多数。
著書に『昭和陸軍の研究』『昭和の怪物 七つの謎』
『昭和史のかたち』『あの戦争は何だったのか』
『陰謀の日本近現代史』『戦争という魔性 歴史が暗転するとき』など、
共著に『太平洋戦争への道 1931-1941』『日本人の宿題』など多数。

NHK出版新書 730

戦時下の政治家は
国民に何を語ったか

2024年11月10日 第1刷発行

著者 保阪正康
発行者 江口貴之
発行所 NHK出版
〒150-0042 東京都渋谷区宇田川町10-3
電話 (0570) 009-321(問い合わせ) (0570) 000-321(注文)
https://www.nhk-book.co.jp (ホームページ)

ブックデザイン albireo
印刷 新藤慶昌堂・近代美術
製本 藤田製本

Printed in Japan ISBN978-4-14-088730-1 C0221

NHK出版新書好評既刊

ウィーン・フィルの哲学
至高の楽団はなぜ経営母体を持たないのか

渋谷ゆう子

奏者は全員個人事業主！　ハプスブルク家の治世から、彼らはいかに後ろ盾なしで伝統を守ってきたのか。歴史を辿り、楽団員への取材から明かす。

691

徹底討論！　問われる宗教と〝カルト〟

島薗 進　釈 徹宗
若松英輔　櫻井義秀
川島堅二　小原克博

人を救うはずの宗教。〝カルト〟との境界はどこにあるのか。第一線にいる研究者・宗教者6人が、宗教リテラシーを身に付ける道筋を照らす。

692

モチベーション脳
「やる気」が起きるメカニズム

大黒達也

意識的な思考・行動を変えるには、無意識の「脳のやる気」を高めることが重要だ。脳が「飽きない」ための仕組みを気鋭の脳神経科学者が解説。

693

早期教育に惑わされない！　子どものサバイバル英語勉強術

関 正生

早期英語教育の誤解を正し、お金と時間をかけずに子どもの英語力を伸ばすコツを伝授。700万人を教えたカリスマ講師による待望の指南書！

694

道をひらく言葉
昭和・平成を生き抜いた22人

NHK「あの人に会いたい」制作班

先達が残した珠玉の言葉が、明日への活力、生きるヒントとなる。不安の時代を生きる私たちの背中をそっと押してくれる名言、至言と出合う。

695

牧野富太郎の植物学

田中伸幸

牧野富太郎の研究、普及活動の真価とは？　NHK連続テレビ小説「らんまん」の植物監修者が、「天才植物学者」の業績をわかりやすく解説する。

696

NHK出版新書好評既刊

昭和ブギウギ
笠置シヅ子と服部良一のリズム音曲
輪島裕介
大衆音楽史研究の第一人者が楽譜草稿などの貴重資料を渉猟し、「ブギの女王」と「スウィングの申し子」コンビが近代の芸能に遺した業績を書き尽くす。
703

絶滅する「墓」
日本の知られざる弔い
鵜飼秀徳
土葬、風葬から男女別葬、骨仏、肉体と魂を分けて埋葬する両墓制まで。全国各地を取材した著者が、滅びゆく日本の葬送文化を明かす。
704

生成AIの核心
「新しい知」といかに向き合うか
西田宗千佳
社会現象となった生成AIは、我々の生活、働き方をどう変えるのか。リスクや限界も押さえつつ、人間とのベストな協業体制、活かし方を考える。
705

新幹線全史
「政治」と「地形」で解き明かす
竹内正浩
なぜ新駅や路線はその場所につくられたのか。誕生から拡大期を経て、リニア中央新幹線まで。新幹線の歴史を路線ごとに書き尽くす決定版。
706

平安貴族とは何か
三つの日記で読む実像
倉本一宏
周到かつ合理的に立ち回り、腐心しながら朝廷を支えた平安貴族の本当の姿を、『御堂関白記』『権記』『小右記』の三つの古記録から明かす。
707

キリスト教の本質
「不在の神」はいかにして生まれたか
加藤 隆
キリスト教の実態とは「神なし領域の宗教ビジネス」である。ストラスブール大卒の神学者が、自らの研究の集大成として世に放つ、類書皆無の宗教論！
708

NHK出版新書好評既刊

アナーキー経営学
街中に潜むビジネス感覚
高橋勅徳
会議室の外で生まれる「野生のビジネス」を経営理論で読み解いてみたら、思わぬ合理的戦略が見えてきた！ 経営学の可能性を拓く、異色の入門書。
715

「植物の香り」のサイエンス
なぜ心と体が整うのか
塩田清二
竹ノ谷文子
ストレスや不安の軽減から集中力、記憶力など脳機能の向上、治りづらい疾患の緩和・予防まで。最新研究をもとに、第一人者がわかりやすく解説。
716

戦国武将を推理する
今村翔吾
三英傑（信長、秀吉、家康）から、『じんかん』の松永久秀や『八本目の槍』の石田三成まで、直木賞作家が徹底プロファイリング。彼らは何を賭けたのか。
717

哲学史入門Ⅰ
古代ギリシアからルネサンスまで
斎藤哲也［編］
第一人者が西洋哲学史の大きな見取り図・重要論点をわかりやすく、そして面白く示す！ シリーズ第一巻は、古代ギリシアからルネサンスまで。
718

哲学史入門Ⅱ
デカルトからカント、ヘーゲルまで
斎藤哲也［編］
第二巻は、デカルトからドイツ観念論までの近代哲学を扱う。「人間の知性」と向き合ってきた知の巨人たちの思索の核心と軌跡に迫る！
719

戦時から目覚めよ
未来なき今、何をなすべきか
スラヴォイ・ジジェク
富永晶子［訳］
人類の破滅を防ぐための時間がもう残されていないとしたら――。現代思想の奇才がウクライナ戦争以後の世界の「常識」の本質をえぐり出す。
720

NHK出版新書好評既刊

NHK出版新書好評既刊

ドラマで読む韓国
なぜ主人公は復讐を遂げるのか
金光英実
韓ドラに復讐劇が多い理由とは? 韓国の人間関係は「親しき仲には遠慮なし」? ドラマ作品を通じて隣人の素顔に迫る、新感覚の韓国社会入門!
727

ホワイトカラー消滅
私たちは働き方をどう変えるべきか
冨山和彦
企業支援の第一人者が語る、これから起きる「労働移動」。ホワイトカラーが、シン・ホワイトカラーとして働き場所を新たに見出す方策を明瞭に示す!
728

風呂と愛国
「清潔な国民」はいかに生まれたか
川端美季
いつから日本人は「風呂好き」と言われるようになり、入浴することは規範化したのか? 衛生と統治をめぐる、知られざる日本近代史!
729

戦時下の政治家は国民に何を語ったか
保阪正康
初の普選から戦時体制へ。時の首相は国民に何をどう語ったのか。二十四人の政治家の肉声から太平洋戦争までの実態を明らかにする、類を見ない一冊!
730

額縁のなかの女たち
「フェルメールの女性」はなぜ手紙を読んでいるのか
池上英洋
古代から現代まで、女性イメージはいかに生まれ、いかに変遷してきたのか。カラー図版140点超を交え、名画誕生の舞台裏に迫る。
731